introduction

羊毛を無駄なく生かす

羊が家畜化されたのは、一万年前ほどといわれています。
人は乳、毛、肉、皮、糞などの羊の恵みで
衣食住を安定させることができるようになりました。
そして春になったら脱毛する毛を
最初は拾っていたのが、羊を捕まえ手で抜き始め
鋏の登場で毛刈りができるようになると
一頭分の羊毛がまとめて採れるようになりました。
そうして毎年毛刈りをしているうちに
羊は脱毛しなくなったのです。

羊毛は、水をかけて擦るとフェルトになり
それで敷物や家を作りました。
撚りをかけ糸にして、服を作りました。
毎年採れる羊毛で、「次は何を作ろうか…」と
考えながら冬を過ごしたことでしょう。

この本に載せた羊毛の毛質の見方と仕分け方は
羊毛からより良い物を作るために
人が積み重ねて
羊の恵み全てを
スピナーと羊飼

SPINNUTS 2018　3

羊毛の特徴

[羊毛とは]

羊毛・ウール（Wool）は羊から刈り取った動物性の繊維です。羊を毛刈りすると、まるで一枚のコートのように羊毛を広げることができます。これをフリース（Fleece）といいます。フリースとは元々、毛刈りしたての一繋がりの羊毛を指す言葉です。

[羊毛には内毛・外毛・ケンプがある]

動物の毛は、大きく分けて3種類あります。①太く真直ぐな毛＝外毛・上毛・ヘアー（Hair）、②柔らかく細い毛＝内毛・下毛・産毛・ウール（Wool ※一般的にウールは羊毛を指しますが、元々は羊を含む動物の内毛全般を指す言葉です）、③固く太く中心の毛髄（メデュラ・Medulla）が中空の繊維＝ケンプ（Kemp）です（写真下）。

ナバホ（上）とメリノ（下）のステイプル

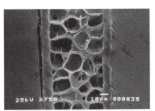

英国ハードウィック羊毛の毛髄質（×750）
写真：奥村 章

毛は毛根・フォリクル（Follicle）から発生し（下図）、ヘアーの太い毛を囲むようにウールの細い毛が密生して一つのグループとなり、一房・ステイプル（Staple）（右上写真）を形成します。原種に近い品種ほど、ヘアーとウールの二重構造となり、肩とお尻など、部位によって毛質が違ってきます。これは、野生の動物がヘアーで雨の雫を落とし、肌に密生した柔らかいウールで体温を保っていたからだといえます。

そして歴史の中で、人間は柔らかいウール・内毛を産する羊を残し、より白く細番手に品種改良していきました。その代表がスペインで品種改良されたスペイン メリノです。極細繊維を産するメリノはオーストラリアなどで多く飼われていて、現代羊毛産業において最も重要な品種です。

[羊毛は動物性繊維]

羊毛は爪や皮と同じタンパク質からできていて、ケラチンといわれる19種のアミノ酸と、1種のイミノ酸が組み合わさっています。自然に存在するアミノ酸は約20種のため、ケラチンにはそのほとんどが含まれています。

羊毛繊維の表皮部分はスケールといわれる鱗状のものが、根元から毛先に向かって重なり合っていて、空気中の湿気・酸・アルカリに反応し開閉します。これが「羊毛は呼吸する」といわれる理由です（右ページ写真）。スケールは、表面がエピキューティクルという薄い膜で覆われており、水を弾く性質をもっています。反対に内側のエンドキューティクルやエキソキューティクルは親水性の膜で、細かい孔を通過した湿気を羊毛繊維の芯に伝えます。そのため羊毛は、水を弾くが湿気を吸う、という矛盾した特徴をもっているのです（右ページ図）。

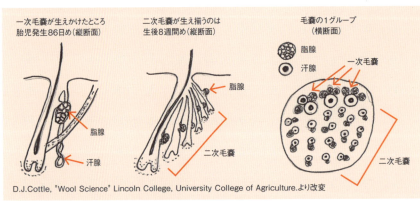

D.J.Cottle, "Wool Science" Lincoln College, University College of Agriculture.より改変

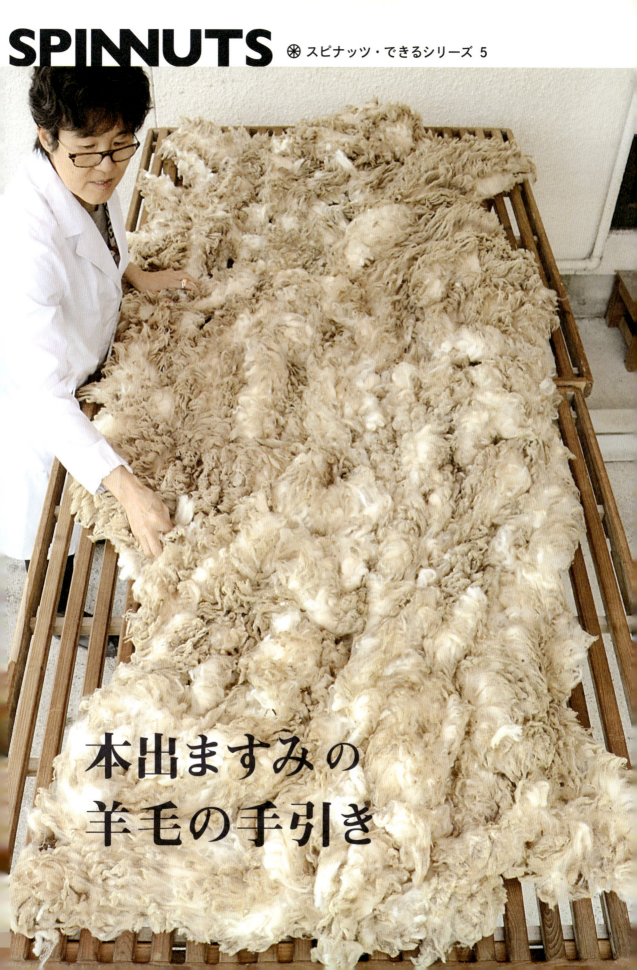

[吸湿性]

　羊毛は気温20℃・湿度65%のときに17%程度の湿気を吸います。羊毛の吸湿性は、綿7%、ナイロン4.5%、ポリエステル0.8%という中でずば抜けているといえます。それが、雨を弾いても、体温を保ち、汗を吸うため肌にはサラサラして、汗冷えしない理由です。また、羊毛はマイナス60℃でも凍りません。そのため、極寒地で暮らす人、そして登山やスポーツをする人にとってウールの衣服は欠かせないものといえるでしょう。

　さらに気温と湿度が違っても、吸収する水分の量は違ってきます。一番多いのは低温多湿（10℃、100%RHで27.1%）、少ないのは高温乾燥（38℃、40%RHで10.4%）です。しかし繊維は重量で取引されるので、公正を期するために「公定水分率」が決められて、国や規格によって違いますが、日本のJIS（日本工業規格）の場合、羊毛は15%とされています。

開いているスケール　　写真：日本毛織株式会社 長澤則夫

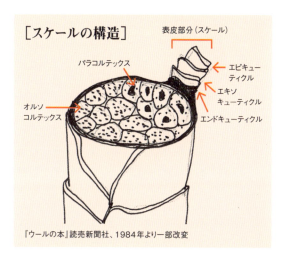

[スケールの構造]
表皮部分（スケール）
パラコルテックス
エピキューティクル
エキソキューティクル
エンドキューティクル
オルソコルテックス

『ウールの本』読売新聞社、1984年より一部改変

[スケール]

　しかし、鱗状のスケールが肌にチクチクすると感じることもあります。山羊の一種であるカシミヤの毛にもスケールが存在しますが、厚みは薄くエッジが滑らかなためチクチクしにくい毛質といえます。

[フェルト化・縮絨性（しゅくじゅうせい）]

　スケールは湿度や酸・アルカリにより開閉します（左写真）。湿気によりスケールが開いたときに摩擦すると、スケール同士が絡み合いフェルト化します。例えば、羊毛のセーターを洗濯機で洗うと固く縮んだりするのは、このフェルト化によって起こります。フェルト化は羊毛の欠点ともいわれますが、この特徴を利用するからこそ、毛織物は織り上げた後、フェルト化（縮絨）させれば、糸がほつれにくく丈夫なものにすることができるのです。遊牧民のゲル（ユルト）といわれる家も、そこで使われる敷物も、フェルト化させて作られています。しかし洗濯で縮んでは困る衣料品には、フェルト化しないよう防縮加工されるものもあります。例えば、スケールを塩素で除去したり、樹脂加工することによって、繊維の表面を滑らかにして、フェルト化を防ぎます。

[クリンプ・捲縮（けんしゅく）]

　スケールの下の皮質部分はコルテックスという、性質の違う2種類のタンパク質が交互に貼り合わさっています。片方のパラコルテックスは好酸性皮質組織、もう片方のオルソコルテックスは好塩基性皮質組織です（6ページ上図）。この2種のタンパク質が、空気中の温度や酸、アルカリに違う反応をするため、繊維が弓なりに縮み、半波長に1回の周期で反転している「半波長反転」に伸びていきます（6ページ下図）。この縮みを捲縮（巻縮・クリンプ・Crimp）といい、引き伸ばしてもすぐに戻る性質があり、弾力性に富んでいます。この捲縮が羊毛の特徴の中でも極めて重要なポイントといえます。捲縮という特徴があるため、絡みやすく糸に紡ぎやすく、膨らみのある、しわになりにくい、こしのある、型くずれしにくい、空気を含むため保温性が良く、伸び縮みするため肌馴染みの良い衣服を作ることができるのです。

[難燃性]

また羊毛は難燃性にも優れています。羊毛は発火点が570〜600℃と繊維の中で最も高く、加えて燃焼熱が4.9Kcal/gと低いため、燃焼した場合でも、溶融せず炭化し、皮膚を火傷から守ってくれるため、消防士の制服や、飛行機のシートやカーペットなどにも羊毛が使われています。

[染色性]

羊毛は染色性が良い繊維です。染色性の良し悪しは、染料とアミノ酸が良く合うかどうか、そして酸性と塩基性が関わって決まるのですが、羊毛のアミノ酸は、酸性・中性・塩基性とそれぞれの性格に分かれており、19種のアミノ酸から成り立っているため、広範囲の染料と結合できるのです。

[空気の浄化ー羊毛の消臭機能]

羊毛には呼吸する繊維としてホルムアルデヒドなどを分解する「消臭機能」があります。

羊毛は同じ動物性繊維の絹とは異なり細胞の集合体なので、内部の表面積が大きく、臭気成分の吸着座席がとても多い構造をしています。そのためホルムアルデヒドなどのVOC（揮発性有機化合物）や、二酸化硫黄といった物質の臭気を吸着し、シッフ塩形成や酸化還元によって、無害な物質に変えることができます。この機能が働くには、羊毛繊維に含まれる水の存在が不可欠です。また、二酸化硫黄などの還元性ガスを吸着した羊毛は、再び空気によって酸化することで元に戻るため、繰り返し使うことができます。

[長所と短所]

羊毛は人間の肌の組成にとても近く、人間を守ってくれる繊維です。

動物性の繊維であるクリンプやスケールのある羊毛の利点は、吸湿性が良く（汚れや水滴は弾くが蒸発した汗は吸う）、弾力性に富み、空気を含み温かく、空気を浄化し、燃えにくく、染めやすく、色落ちしにくく、紡ぎやすく、復元性があるためシワができにくく、型くずれしにくく、何より毎年毛刈りすることによって収穫し続けられる持続可能な繊維である点です。また、羊毛で作られた古着・セーターをリサイクルして、「反毛」という紡績原料に再生するシステムが、日本では1960年代から稼働しています。現在では愛知県一宮が主な産地です。

欠点は、虫に食われ、アルカリに弱く、フェルト化する点です。しかし、虫に食われる繊維だからこそ、土中の微生物によって分解できるため、堆肥にしたり土壌改良にも使えます。つまり、羊毛は再生できるエコロジーな繊維なのです。

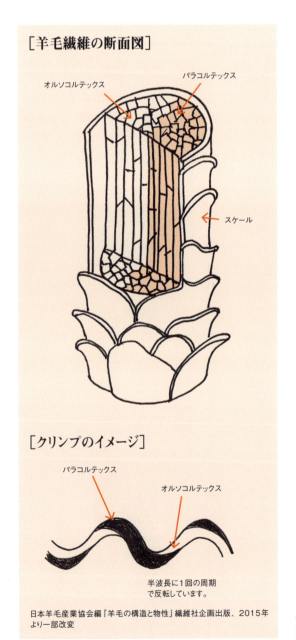

[羊毛繊維の断面図]

[クリンプのイメージ]

半波長に1回の周期で反転しています。

日本羊毛産業協会編『羊毛の構造と物性』繊維社企画出版、2015年より一部改変

毛刈り シェアリング（Shearing）

毛刈りは羊毛を使うための技術です。晴れた日を選んで、落ち着いて作業ができるよう、柵を調え、作業スペースを確保します。セカンド カッツ（二度刈り）や刈り残しがないよう、またスカーティングから袋詰めまでの作業が効率よくできるように準備してから始めます。

毛刈り

①毛刈りはよく晴れた日を選びます。
②ベリー（お腹の毛）は最初に刈ってすぐに取ってはずします。

③二度刈りせず、毛刈りの後で爪も切りましょう。

④刈り終えたら、その場ですぐにスカーティング（ゴミや裾物を取る）をします。毛刈りしたまま袋に詰めると、糞尿や泥の汚れが全体にまわってしまいます。

すのこ状の台

⑤ゴミを取ったら、できれば1頭ずつデータをとります。毛長（手で測る）／毛量／色ツヤ／できれば毛の太い・細いなどの特徴も記録します。データは羊群管理に役立ちます。

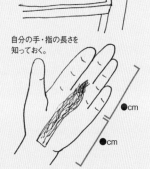

自分の手・指の長さを知っておく。

●cm
●cm

⑥フリースをたたんで丸めたらどこに出荷するか考えます。コンテスト／スピナー／セカンド クラスとして出荷、そしてベリーとダメージ ウールは肥料にするなど。

⑦行き先が決まってから袋に入れます。綿布か紙袋、又はシーツなどの布に包んでも良いでしょう。

紙袋　綿布

汚れた毛を取り除く スカーティング（Skirting）

　毛刈りをしたらすぐに、フリースをすのこ台やグランドシートの上に広げ、ゴミや汚れのひどい所（裾物）を取り除く作業をします。これをスカーティングといい、毛刈りの直後に必ずおこなうべき工程で、スカーティングによって次の工程を格段に楽にすることができ、フリースのグレードを上げることもできます。

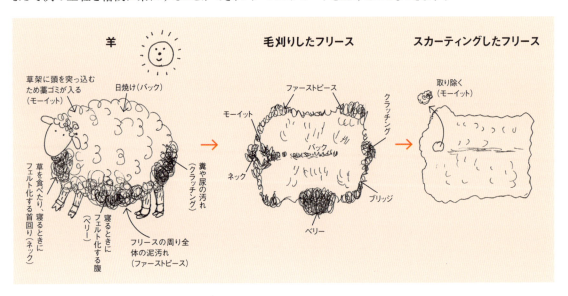

［スカーティングによって取り除く所］

ネック：肩の毛に近い毛質。毛先がややフェルト化していますが比較的細めの毛質。藁ゴミなどの含有も多い。

ファースト ピース：フリースのまわり全体。泥の含有が多く毛先に泥がこびりついていることが多く黄ばみなど色ツヤはやや悪いものの、毛足は長い。

ベリー：腹部のプレスされた毛。泥・夾雑物（きょうざつぶつ）の含有が多く、色ツヤの悪い毛です。しかし、見た目よりも実際の毛長が長い場合もあります。

クラッチング：お尻まわりの毛。泥や糞がこびりついている場合があります。毛足は比較的短く、ケンプが混ざっていたりします。

モーイット：藁ゴミなど夾雑物の多い所。主に背筋（バック）や首のまわり。

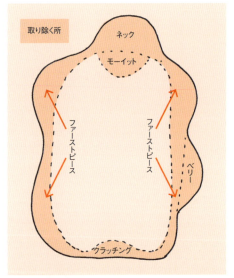

［スカーティング テーブルの例］

　スカーティング テーブルは天板をスノコにしておくと、短い毛やゴミは下に落ちます。金網のフェンスに、会議用の机などを下に置いて固定して、スカーティングの簡易テーブルにしてもいいでしょう。

スピナッツでは縦114cm・横240cm・高さ85cmほどのスカーティング テーブルを使用しています。

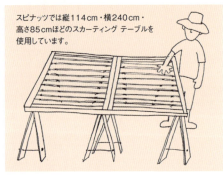

8　SPINNUTS 2018

滋賀県畜産技術振興センター　毛刈りの研修会

羊毛の行き先を決める格付け（Grading）

　羊毛の品質をチェックしてクラス分けし、グレーディングする目的は、毛刈りしたすべての羊毛に価格を決め、用途や行き先を決めることにあります。価格を下げる要素（ゴミやダメージ ウール）を取り除き、品質の良いフリースが何kgあるかわかると販売しやすくなり、牧場の増収に繋がります。

　"分ければ資源、分けなければゴミ"といわれるように、グレーディングは資源を無駄なく使うことにも繋がるのです。

　また、毛質のデータを一頭一頭記録しておくと、個体の特徴や健康状態を把握できるようになります。ひいてはどの羊を種オスにするか、どの母羊が優秀か、といった牧場全体の群れの管理にも役に立つのです。

毛番手や毛長、特徴、グレードをフリースごとに記入し、ステイプル（1房）をサンプルとして取り出します。ステイプルをホッチキスで留め、国別などでファイルに綴じるとサンプル帳ができます。

［ニュージーランドにおける
　グレード分けの基準］

- グレード0：色ツヤが良く、クリンプも明瞭。スカーティングも充分にされていて、ファイバーもサウンドネス（Soundness・引張強度(ひっぱりきょうど)）の充分にあるフリース。夾雑物もなく、羊毛の品評会などに出せるレベル。
- グレード1：色ツヤが良く、クリンプはグレード0ほど明瞭ではないが、スカーティングは充分。夾雑物もほとんどなく、ファイバーの長さと細さが少しばらつく。サウンドネスも充分ある羊毛。
- グレード2：平均的な品質。まあまあ良い色ツヤ。スカーティングはされていますが、少しフェルト化していたり、テンダー（切れる毛）や夾雑物が含まれます。
- グレード3：まあまあの色ツヤ。スカーティングがされていない場合もあるので、夾雑物を含み、テンダーやソフト コッツ（フェルト化）・黄変も見られる羊毛。
- グレード4：あまり色ツヤが良くない。スカーティングがされていないため、かなり夾雑物も含み、フェルト化して黄ばみが激しい羊毛。
- グレード5：色ツヤが悪く、フェルト化している部分や夾雑物を多く含んでいて、黄変も激しい羊毛。化炭処理が必要なことがあります。
- グレード6：カーボ（Carbo）と呼ばれる山火事などにより炭焼けしたフリースなど、汚染やゴミの多いフリース。

部位による仕分け ソーティング（Sorting）

フリースを広げると、頭の方は毛が細く、お尻の方は太くゴワゴワしている場合があります。この部位によって違う羊毛を、作りたい作品に合わせて分ける必要があります。この仕分け作業のことをソーティングといいます。毛質がほとんど均一なフリースの場合、必ずしもソーティングする必要はありません。

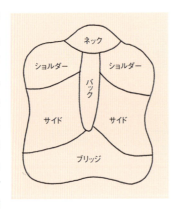

[フリースの部位による毛質の違い]

ネック：毛先はややフェルト化していますが比較的細めの毛質。

ショルダー：フリース中一番良質の毛が採れます。

サイド：フリース中、平均的な毛質。ショルダーよりは毛足も短く太番手になり、色ツヤもやや劣ります。

バック：雨風にさらされ、根元に脂やゴミが入っていたり、毛先はやや乾燥しています。

ブリッジ：毛質が太くなり、ヘアーやケンプを含むこともあります。

フリースの管理

羊毛に湿気は禁物です。畜舎の環境が、湿気た泥や糞尿の汚れがひどい場合、羊の毛先が汚染され、洗っても落ちない黄ばみが付いてしまったり、バクテリアが発生して緑や茶やピンクに変色することがあります。一旦バクテリアが発生すると、夏場など2～3日で湿気た所が変色し、しかも色がつくだけでなく、サウンドネスに欠けブチブチと切れる「テンダー」といわれるダメージ ウールになることがあります。

毛刈りした後のフリースの保管でも同じです。スカーティングをしないまま袋に詰め込んだ場合、ベリーに付いた糞尿汚れから羊毛全体が黄ばんでいくことがあります。また洗った羊毛でも、ビニールに密封して日の当たる所に放置するのはやめましょう。羊毛は呼吸するので、ビニールの中で結露してフェルト化してしまうこともあります。

スカーティングしたフリースを保管する場合は、紙袋や布袋に入れるか綿布（古いシーツなど）で包んでおきます。長期保存するときは、樟脳などの防虫剤を入れ、冷暗所で保管します。

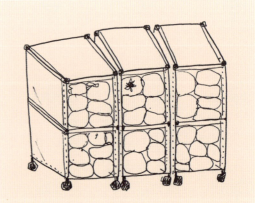

スピナッツでは布で包んだ羊毛を収納するのに、アルミのパイプと帆布で作ったラックを使用しています。足にキャスターを付けているので、重くなっても移動させることができます。収納する際には、細番手・中番手・太番手の分類や、国別、年度別などで分けておくと、取り出す際に便利です。
サイズ：縦1m・横1m・高さ1.8m

羊毛の品質の見方
羊毛の特徴を判断するポイント

1：繊度・毛番手―ファインネス（Fineness）

羊毛の毛質を判断するときに、一番に見るポイントは繊度です。これはファイバーの細さ太さ（繊維の断面の直径）のことです。この繊度によって用途や、糸や作品にしたときのでき具合が違ってきます。肌に触れるマフラーなどに適した細番手から、ラグなどに適した太番手まで。細いものは柔らかくて手に吸い付くようだったり、太いものはガサガサと硬かったりします。基本的には繊度で用途が決まります。例えば、一番細いメリノがどんなに手触りが良いからといって、耐久性の要求される敷物には向いていません。適材適所で羊毛を選ぶには、まず繊度で大まかに判断できます。

毛番手は、まずは目で見て、そして手で触って判断します。特に目で判断するときのポイントはクリンプ（捲縮）の頻度です。1cm間にいくつクリンプの山があるか数えます。始めは判断しにくいかもしれませんが、たくさんのフリースを見て触っていくうちに判断できるようになります。目で見れば捲縮の頻度から毛が細いか太いかを判断でき、さらに手で触れば、弾力のあるものやカシミヤなどのぬめり感の判断ができるようになります。

何を作りたいかによって、目的に適した品種の羊毛を選びます。例えば、マフラーを作りたいと思ったら、その羊毛を自分の首筋に当てて、チクチクしなければ「適している」と判断できます。そして敷物を作る場合、柔らかい繊維では耐久性に欠けるため、丈夫な太い繊維を選びます。

羊毛の繊維の太さは、旧来はセカント（s又は's）で表示されていましたが、現在はマイクロン（μ）で表示されることが多くなりました。

セカント（s又は's）とは英国のブラッドフォード（Bradford）式の羊毛毛番手（クオリティー ナンバー）の単位で、オーストラリアやニュージーランドでは「s」、英国では「's」と表記されます。1ポンド（約

450g）の洗毛トップ状の羊毛から560ヤード（約512m）の糸カセがいくつできるか、という単位です。「60s」と表示されている羊毛なら、60カセの糸ができるというわけです。

マイクロン（μ）とは、1/1,000mmのことで、羊毛繊維の断面の直径です。羊毛の国際取引ではマイクロン表記が使われています。例えばメリノの20μからドライスデイルの40μまで、極細と極太では2倍も繊維の直径が違うということがマイクロン表記を使うとわかりやすくなります。

ニュージーランドでは、エキストラ ファイン メリノ～クオーター ブレッドまでが細番手。エキストラファイン ハーフブレッド～ストロング ハーフブレッドまでが中番手。エキストラ ファイン クロスブレッド～スペシャリティー カーペットまでが太番手に分類されます。それ以外に用途が違う、ダウン種と、チェビオットが別のカテゴリーとして扱われます。このように羊毛が品種別ではなく、カテゴリー別に分類される理由は、品種の特徴よりも、繊度や弾力で用途が決定されるからです。細番手は肌着、薄手の高級服地やニットなどに、中番手は衣料品全般、ブランケットなどに、太番手は敷物、椅子張り、カーテンなどインテリア製品などに、ダウン種とチェビオットはブランケット、ツイード、布団の中ワタなどに使われます。このようにニュージーランド羊毛は、羊の品種ではなく、用途に合わせて分類され、グレードによって価格が決められています。

2：毛長―レングス（Length）

羊毛とは羊の毛を刈り取った繊維です。1年に1回毛刈りをするのが一般的なので毛長とは1年間に伸びた毛の長さです。品種別の平均毛長は、一番短いもので英国希少品種ソアイ（もしくはソーエイ）の3～5cmや、短毛種の5cmから、長いものでウェンズリーディールの20～30cmまでの幅があります。

また牧場によっては、毛足の長い品種は1年に2回毛刈りすることもあります。またホゲットの、初めて毛刈りしたフリースの場合、ウェスティ ティップ（Wasty Tip）といって、胎児の時にお腹の中で生え始めた

［ニュージーランドにおける全羊毛の繊度によるカテゴリー］

	ニュージーランドの羊毛のカテゴリー	平均繊度(μ)※1	平均羊毛毛番手(s)※2	クリンプ数(回/cm)	ステイプルの形状	品種例
細番手	エキストラ ファイン メリノ	18−	80+	9～10	毛先がまっすぐで、ステイプルは均一でコンパクト	Merino
	ファイン メリノ	19	70+	6～8	毛先がまっすぐで、ステイプルは均一でコンパクト	Merino
	ミディアム メリノ	21	64+	4～5	毛先がまっすぐで、ステイプルは均一でコンパクト	Merino
	ストロング メリノ	23+	60	3～4	毛先がまっすぐで、ステイプルは均一でコンパクト	Merino
	クオーター ブレッド	24+	58～64	2.5～4	やや毛先が開き気味	Polwarth
中番手	エキストラ ファイン ハーフブレッド	24−	60～64	3～4	毛先がやや開き気味で、ステイプルは不均一	Halfbred Corriedale
	ファイン ハーフブレッド	26	58	2.5～3	毛先がやや開き気味で、ステイプルは不均一	Halfbred Corriedale
	ミディアム ハーフブレッド	28	56	1.5～2.5	毛先がやや開き気味で、ステイプルは不均一	Halfbred Corriedale
	ストロング ハーフブレッド	30+	54−	1.5～2.0	毛先がやや開き気味で、ステイプルは不均一	Halfbred Corriedale
太番手	エキストラ ファイン クロスブレッド	31−	52+	2.0～2.5	やや尖って、広がっている	Perendale Borderdale／Romney
	ファイン クロスブレッド	33	50	1～1.5	やや尖って、広がっている	Perendale Borderdale Romney／Coopworth
	ミディアム クロスブレッド	36	46～48	0.8～1.5	毛先が尖って、広がっている	Perendale Romney Coopworth
	ストロング クロスブレッド	38+	44−	0.5～0.7	毛先がとても尖って、広がっている	Romney Coopworth
	ラスター	37+	46−	0.3～0.7	毛先は尖っている、時々広がっている	Border Leicester English Leicester Lincoln
	スペシャリティー カーペット	37+	—	—	とても尖っている	Drysdale Tukidale
	ダウン	25	58～64 50～64	明瞭ではない	フラットで、やや広がっている	Southdown／Suffolk South Suffolk Hampshire Dorset Down／Dorset Sth Dorset Down
	チェビオット	30	50～56	1.5～2.5	フラットで、やや尖っている	Cheviot

※1：平均繊度（μ）は数値が大きいほど太くなるため、「18−（マイナス）」は「18μよりも細い」ことを表し、「23＋（プラス）」は「23μよりも太い」ことを表します。
※2：平均羊毛毛番手（s）は、数値が大きいほど細くなるため、「80＋」は「80sよりも細い」ことを表し、「54−」は「54sよりも太い」ことを表します。

D.A.Ross, "Lincoln university Wool manual" Wool Science Department Lincoln University, 1990.

毛先が硬く尖るというダメージになります。その毛先を、生後数ヶ月で1度刈ってから、改めて生後15ヶ月まで伸ばした毛先の美しい数ヶ月分の短い毛を集毛するときもあります。この毛をアーリーショーン（Early Shorn・E/S）といいます。仔羊らしい柔らかい毛質で、かつ毛先のダメージがない、ということで上質の毛になります。

毛刈りしてすぐの毛長は、品種による違いや、毛刈りの仕方によって色々な長さになります。

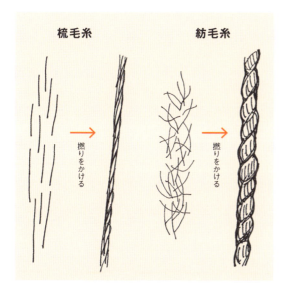

では毛長は何に影響を与えるのでしょうか。長い毛と短い毛によって「梳毛糸（そもうし）」と「紡毛糸（ぼうもうし）」という用途の違う糸ができます。

梳毛糸とは繊維の方向が平行に揃った状態で撚りがかけられた、均一で太さのむらがない糸で、「ウーステッド（Worsted）」と呼ばれます。紳士背広やズボン地など薄くて目の詰んだ耐久性に富んだ生地用の糸として使われる物です。繊維は長く、75mm以上でテンダー（切れる毛）ではない、引張強度（ひっぱりきょうど）の充分にある毛を用います。撚りもたくさん入れます。

紡毛糸は「ウールン（Woolen）」と呼ばれます。使われるのは30〜75mmの短い繊維で、繊維の方向はランダムでよく絡み合う分、撚りも甘く、空気を含んだ糸になります。ツイードやブランケットなど膨らみのある布にできる糸です。紡毛糸は材料の質、毛長をそれほど問いません。

3：引張強度（ひっぱりきょうど）―サウンドネス（Soundness）

一房の羊毛（ステイプル）の両端を持って、引っ張った時に切れる毛を「テンダー（Tender）」、切れない毛を「サウンドネス」のある毛といいます。

この繊維が切れる「テンダー」というダメージは、羊が病気や妊娠によって栄養不足になったり、天候不順で牧草が十分でなかったり、又は羊のストレスなどによって起こるものです。

洗ってカードとギリングにかけた後の紡績する直前の繊維の長さを「バーブ長」といいます。そこではテンダーかどうかが大きく影響してきます。

スピナーの中には、テンダーが羊毛の一番大きな欠点と考えている人もいるようですが、母羊（Ewe）の毛は、泌乳により栄養状態が悪くなるとテンダーになりやすいので、実際にはよく起こることなのです。

繊維長は短くてもサウンドネスのある毛であればコーミングをしても、元々の繊維長とバーブ長はほとんど変わらないということです。しかし長くなるにつれ、どんなにサウンドネスのある毛でも切れやすくなりますし、もちろんテンダーになるほど毛が切れて落ちる割合が高くなっていくということもわかります。

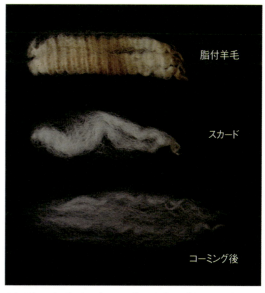

サウンドネスのある毛であれば、コーミングをしても元々の繊維長とバーブ長はほとんど変わらない。

4：弾性・嵩高性—バルク（Bulk）

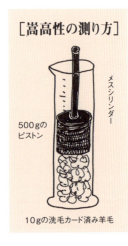

［嵩高性の測り方］

羊毛の特徴には「弾性」と「嵩高性」という要素もあり、メスシリンダーと重しなどを使って測ることができます。

① 断面の面積が50cm²のメスシリンダーに10gの洗毛カード済み羊毛を入れ、ピストン（500g）と重し（1kg）を合わせて1.5kgの負荷をかけて30秒圧縮します。②一旦、負荷（1.5kg）を取り、30秒間回復させます。③再び羊毛に負荷（1.5kg）をかけ、30秒後の高さをまず測定します。④負荷（1.5kg）を取り、30秒放置して羊毛を回復させます。⑤羊毛の上に500gのピストンのみを乗せ、30秒後の高さを測定します。

⑤での1gあたりの体積が嵩高性を表し、⑤から③を引いたものが弾性を表します。

嵩高性は品種により±4cm³/gぐらいの幅があって、メリノ29〜33cm³/g、ペレンデール22〜26cm³/g、ロムニー20〜24cm³/gです。このように、嵩高性は手触りには関係がないことがわかります。

一般に繊維の柔らかさを表すには、毛番手・繊度の単位であるsやμを用います。同じ54s（30μ）のコリデールとチェビオットは、繊維の太さは同じでも、嵩高性が違うため毛質（キャラクター）も違ってきます。

［羊毛の嵩高性の平均値］

品種	嵩高性の平均値 (cm³/g)
英国短毛種	34〜38
短毛種の雑種	34〜37
チェビオット	31〜35
メリノ	29〜33
ニュージーランドハーフブレッド	28〜32
コリデール	24〜29
ペレンデール	22〜26
ロムニー	20〜24
クープワス	19〜23
リンカーン	16〜20

D.A.Ross, "Lincoln university Wool manual" Wool Science Department Lincoln University, 1990.

5：色ツヤ—ラスター（Luster）

羊毛は、同じ白でも少しずつ色が違います。これを正確に表すには、羊毛にライトを当て、プリズムを通して、光をX（赤）、Y（緑）、Z（青）の3つに分解し、カラーバリエーションを数字で置き換えることによって表現できます。特に羊毛の白さと輝きは、Y（緑）とZ（青）の数字を比較することによってわかります。すなわち、「輝き」はY（緑）によって、「白さ／黄色さ」はY（緑）−Z（青）によって表現できます。

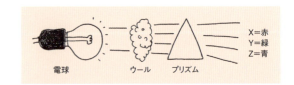

下の表からわかることは、メリノのようにY（緑）の数字が大きいほど輝きがあり、ロムニーのようにY（緑）−Z（青）の数字が大きいほど黄色（クリーム色）が増すことです。このクリーミーな色ツヤをラスター（Luster）といい、ロムニーやリンカーンなどの長毛種らしい特徴といえます。この白の色ツヤは、染色したときに色目を大きく左右することになります。同じ染料で染色しても、メリノとロムニーでは違う色目に染めあがるのは、元の繊維の色が違うからです。

［羊毛の品種による白さの違い］

品種	Y（輝き）	Y−Z（白さ）
メリノ	67.5〜65.0	1.5〜2.0
コリデール	65.0〜62.0	2.5〜3.0
ロムニー	62.0〜58.5	4.5〜5.5

D.A.Ross, "Lincoln university Wool manual" Wool Science Department Lincoln University, 1990.

6：歩留まり―イールド（Yield）

歩留まりとは、フリース（脂付羊毛・Greasy Wool）に対する、洗いあがった羊毛の割合のことです。フリースを洗うと約70～50％に目減りします。割合は品種ごとの脂分含有率の違い、汚れ具合によって変わります。洗いあがりの目減り率を歩留まり・イールド（Yield）といい、％で表します。

汚毛に含まれるものは、繊維以外に脂・汗・泥汚れ・水そして藁ゴミなどの夾雑物です。特に汚毛の中に含まれる脂と汗の割合は、品種によってほぼ一定のプロポーション（割合）が見られます。

下のグラフからわかることは、ロムニー→コリデール→メリノと、繊維が細くなるほど、脂の含有率は高くなるということです。これは繊維の本数と同じ数だけ脂腺があるからです。そして汚毛に含まれる汗や泥は水に溶けますが、脂は洗剤か湯の温度を上げることでしか洗浄できません。メリノの脂は17.5％、コリデールは11.4％、そしてロムニーは5％と、繊維が太くなるほど脂は少なくなります。逆に水と汗を足した水に溶けるものは繊維が太くなるほど、メリノ16.6％、コリデール21.2％、ロムニー23.5％と多くなります。

モンゴルでのフェルトの家（ゲル）作り

7：縮絨―フェルト（Felt）

羊毛繊維の表皮部分はスケールといわれる鱗状の物が、根元から毛先に向かって重なり合っていて、空気中の湿気・酸・アルカリに反応し開閉します。湿気によりスケールが開かれ、そこに摩擦が加わると、スケール同士が絡み合いフェルト化します。例えば、羊毛のセーターを洗濯機で洗うと固く縮んだりするのは、このフェルト化によって起こります。

また、羊毛は品種によって縮み率が違います。縮みやすい品種で代表的なものはコリデール、縮みにくいものにはブラック ウェルシュ マウンテンが挙げられます。計画的に作品作りをするには、まず徹底的に縮めてみて、元のサイズから何％縮むかというデータを作っておくと良いでしょう。

［汚毛における繊維・脂・汗・汚れ・水の平均的な割合］

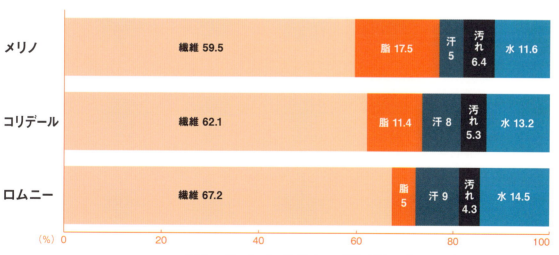

D.A.Ross, "Lincoln university Wool manual" Wool Science Department Lincoln University, 1990.

ばらつき バリエーション（Variation）

羊毛の毛質のばらつきは、大きくわけると3つあります。1つめは年齢・性別などの個体差によるばらつき、2つめは一頭の中での部位差によるばらつき、3つめは羊毛の一房の中でのばらつきです。個体差だけでなく、一頭の中でも毛質にばらつきがあるとしたら、どのように判断し作品に生かしていけば良いでしょうか。それぞれのばらつきについて詳しく紹介していきます。

[年齢による毛質の違い―ペレンデール]

ラムの毛（Lamb・仔羊・4ヶ月齢）

ショーン ホゲットの毛（12～15ヶ月齢）

ウーリー ホゲットの毛（12～15ヶ月齢）

ユーの毛（Ewe・メス）

ラムの毛（Ram・種オス）

5歳齢の毛

1：年齢・性別・個体差などによるばらつき

ラム（Lamb・仔羊）：3～6ヶ月齢の毛。短くて柔らかく、クリンプが明瞭。硬く尖ってカールした毛先（ミルキー ティップ）が見られます。

ショーン ホゲット（Shorn Hogget）：仔羊の時一度毛刈りされた後の2回目の毛刈りですが、ウーリー ホゲット（12～15ヶ月）と月齢は同じ。ミルキー ティップがないので良質の毛が採れますが、8～10ヶ月分の毛なので毛長が短い。

ウーリー ホゲット（Woolly Hogget）：12～15ヶ月齢の初めての毛刈り。仔羊と同じミルキーティップで、普通より毛足は長く、毛先が筆の穂先のように尖って、ちぎれやすい欠点があります。

ユー（Ewe・成羊）：ホゲット以降の羊から採れる、メスの毛。ただし妊娠後期や泌乳の時期には仔羊に栄養をとられて、毛が切れやすくテンダーになることがあります。

ラム（Ram・種オス）：交配に使うオス。毛は一般的に粗くかつヨーク（脂）の含有量が多く、特有の臭気をもちます。メスよりも毛量が多いのも特徴です。ラム（Ram）の毛はユーやウェザーの毛に混入せず、別に扱います。

ウェザー（Wether・去勢オス）：1～3週間目で去勢されたオス羊（特にオーストラリアのメリノ種の場合は採毛を目的に去勢がおこなわれます）。去勢するとラム（Ram）のような匂いも無くなります。メスと比べると弾力に富み、毛量も多く、妊娠・分娩・授乳時の栄養不足からくる毛質の劣化がほとんどありません。しかし柔らかさはユーの方が優れています。

※羊は5～6歳まで採毛します。しだいに毛も太くなり、ケンプも混じり、色ツヤもなくなっていきます。

このように個体差のばらつきがある羊毛を使いこなすには、そのフリースの最も特徴的なキャラクターをつかみつつも、あくまで使う人の判断で糸を作って良いと思います。毛番手と毛長で用途の大筋は決まっていきますが、どんな糸にしていくかは、スピナー一人一人の考えしだいなのです。

2：部位によるばらつき

[一頭のフリースの中でのばらつき―チェビオット]

フリースは、部位によって、ショルダー、サイド、ブリッジ、ネック、バックと呼ばれ、それぞれに毛質が違います。また、部位による毛質のばらつきは、原種の羊と、品種改良されたメリノとでは大きく違います。

原種の羊は、ステイプル（羊毛の一房）の毛先が尖っていて、太くて長いヘアー（外毛）と、根元に細くて短いウール（内毛）の二重構造で、毛の太い細いが混在しています。そして同じ一頭の中でも肩と尻の部位によって細い太いがあり、同じ群れの中でも個体差があります。また原種の羊は茶、グレーなど有色も多く、体は小さく、毛量も多くありません。英国のシェットランドやヘブリディアンなどが当てはまります。

品種改良された羊の代表はメリノです。ステイプルの形はずんぐりとした円筒形で、毛先は真横に切ったようにまっすぐです。ここから毛の繊度や長さが均質だということがわかります。また一頭分の羊毛（フリース）の部位差もほとんどなく、牧場内での個体差も大きくありません。品種改良が重ねられた結果、メリノは体が大きくなり、毛量も多く均質です。また、有色の羊は淘汰されるので白い羊が多く飼われています。

ショルダー

サイド

ブリッジ

ネック

バック

ベリー

3：一房の中のばらつき

このように個体差、部位差だけでなくステイプル（一房）の中でもばらつきがあるのが羊毛です。ではどうやってその毛の番手を決定するのでしょうか。

まず、目で見て判断する方法があります。ステイプルの形を見れば、一房中のばらつきがわかるのです。毛先がメリノのようにまっすぐで円筒形のステイプルはばらつきの少ない均質な毛。毛先が筆穂のように尖っていればいるほど、ばらつきが大きいといえます。

より詳細に調べるには、エアーフロートという測定機を使う方法があります。エアーフロートを使うと、繊維全体の平均値が何μかを知ることができます。このμの数値は、国際的な羊毛取り引きの上で必要な数字ですが、その後、紡績工場の現場では測定された数値を参考に人間の判断で「これで何を作るのか」を決めていきます。

［羊毛（一房）の中に含まれる典型的な繊維の断面の直径の幅］

羊種	繊維の断面の直径					幅（μ）
	平均値（μ）	クオリティナンバー(s)	一番細い繊維（μ）		一番太い繊維（μ）	
スーパー ファイン メリノ	17	80	7	～	27	20
メリノ	20	64	9	～	38	27
サウスダウン	24	60	9	～	40	31
ハーフブレッド	26	58	10	～	50	40
ロムニー	32	50	12	～	58	46
ロムニー	37	46	14	～	62	48
ドライスデイル	38	—	15	～	110	95
レスター種	42	40	18	～	72	54

D.A.Ross, "Lincoln university Wool manual" Wool Science Department Lincoln University, 1990.

［一房の中のばらつき］

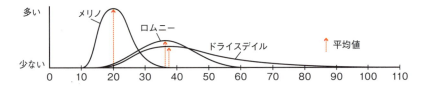

［一房の中のばらつき］

メリノ

ロムニー

ドライスデイル

ダメージ（Damage）

> ダメージ ウール（欠点羊毛）という言葉は、正確に言うなら適切な表現ではありません。すべての羊毛は、それぞれその羊毛が最も効果的に使われる可能性をもっています。あえて言うなら、その欠点（特徴）によって、一つ用途が制限される、もしくは一つ加工プロセスが増えるということです。
> A.H.Henderson, "Wool Damage" Lincoln University.

欠点羊毛について書こうとすると、加工プロセスや大量生産システムに影響されることになります。羊毛の「欠点」は、単に良い悪いとか、素材として使い物にならない、という意味ではないからです。用途が制限されてしまいますが、欠点羊毛はそれぞれが最も効果的に使われる可能性をもっています。それでは欠点羊毛について一つずつ紹介していきましょう。

テンダー（Tender）：切れる毛。栄養状態が悪いなどで毛が細くなり切れる毛になることがあります。加工プロセスで毛が切れてネップになりやすく、落毛が多いため歩留まり（フリースを洗った後にどの程度の重量になるか）が悪くなります。ネップや短い毛をコーミングで取り除いていく梳毛糸には使えませんが、毛が短くても紡ぐことができる紡毛糸なら使うことができます。

ステイン（Stain）：洗っても落ちない汚れのこと。黄ばみやマーキング、カラード ウール（有色羊毛）などが少しでも白い羊毛の中に入っていると色ムラになってしまいます。特に薄い色を染めるときには色ムラが目立つので、濃い色に染めなければなり

[ダメージ ウールのサンプル]

毛が細くなっている所で切れる

テンダー（切れる毛）

ステイン（黄ばみ）

夾雑物（トゲ・藁ゴミ）

歩留まりの低い毛（泥・汚れ）

コッツ（フェルト化した毛）

ません。中には、黄ばみが激しいものの毛質自体は悪くないウールもあります。しかも価格を低く抑えられますから、使いこなせるのであれば、価格的にはメリットがある羊毛だといえます。

- コッツ (Cotts)：絡みついた毛のこと。よほどフェルト化していない限り解毛作業をおこなえば、時間はかかりますが使えます。ひどく絡みついたものは、その部分を切ってほぐれた所だけ使い、後は詰め物や堆肥にすることもできます。
- コンタミネーション (Contamination)：夾雑物(きょうざつぶつ)のこと。やっかいなのは藁ゴミ・トゲ・種などの夾雑物。大きな物は手で取れますが、細かい藁ゴミ・トゲは取り除くのがたいへんです。洗毛・カードのプロセスでも完全に取り除けませんし、手紡ぎをしているときに手に刺さると楽しみが半減してしまいます。手紡ぎをする程度の羊毛の量の場合は、見えたトゲを手で取っていくしかありませんが、工場のように大量に処理するときには「化炭処理」をします。化炭処理とは、7％の硫酸溶液に洗いあがり羊毛を漬けた後、羊毛から液をしぼり、約90℃の高温で乾燥させます。硫酸と高熱で植物繊維を炭にして、その炭をローラーで砕いて粉末にして振り落とし、羊毛を水で洗って汚物を取り去ります。さらに炭酸塩の水溶液にひたして、残っている酸を中和して乾燥させます。このような工程は家庭ではできません。また、化炭処理をすると羊毛の強度や伸度が低下し、毛がパサついて光沢が鈍くなりますので、これらの欠点を減らすため化炭工程で非イオン剤を混入することもあります。
- ヨーク (Yolk)：脂汚れのこと。脂質はモノゲンの％を上げるか、温度を上げるか (80℃まで) でほとんど取ることができます。
- フケ：皮質と脂が混ざったもの。取りにくいフケ状の場合キシレンに入れると、フケは落ちますがスケールが傷つき脂分が抜けきってガサガサになってしまいます。化学処理をすると羊毛本来の良さがなくなってしまうので、手作業で落としていきましょう。コーム、もしくはフリッカーではたき落とします。フリースの段階でフケや脂のたまった根元をはさみで切ります（シェットランドの場合は換毛(かんもう)［毛が抜け換わること］で根元が切れやすくなっているのでちぎっていきます）。毛ほぐしと、カード段階ではたき落とします。紡ぎながら見つけたらつまみとります。織りあげてからもゴミを取ります。

左：夾雑物のダメージがある羊毛　右：バクテリアで変色した羊毛

有色ダメージ（尻に牧場のマーキングがある）

［有色ダメージ］

ダメージの中に「有色」というカテゴリーがあります。先天的に毛が発生する段階で有色になることもありますが、後天的に環境・天候・病害・人為的なものが原因で色がつくこともあります。

天候の変化による黄ばみはやむをえないとしても、環境の整備・毛刈りの時期の工夫によって防げるものもあります。牧場や羊飼いがどのように羊を世話したのかは、すべてフリースに表れています。フリースを見ることで、牧場の1年の日記を見るように、様々な情報を読み取ることができるのです。

［有色ダメージ一覧］

ダメージ名		説明	原因
スコアラブル デフュー イエロー	Scourable Diffuse Yellow	洗えば落ちる油ぎった黄ばみ。羊の体から分泌されるヨークによって油っぽいバター色になります。原因はエサの質。肥育すると油っぽくなります。長毛のロムニーなどに多い。	エサの質
イエロー バンディング	Yellow Banding	主に細番手の羊毛の背筋のステイプル中に黄ばみの横スジが見られます。雨の多い湿った夏にフリース中の水分が蒸発しないことが原因。	夏の多湿
カナリー イエロー	Canary Yellow	高温多湿。フリース中の汗に含まれるアルカリ性に反応して黄ばみになります。ベリーやお尻まわりなどフェルト化した毛はほとんど黄ばみのダメージを伴います。	汗と高温多湿
アプリコット ステイン	Apricot Stain	牧場の草が常に湿っていることで、フリースの下部（ベリーやブリッジ）の毛先がアプリコット色（オレンジ色）になります。これを防ぐには、湿気が多くなる季節の前に尻・腹の毛刈りをすると良いでしょう。	多湿 牧草の湿気
グリーン&ブラウン バンディング	Green and Brown Banding	細番手で密度の高いフリースに発生しやすいダメージです。多湿からバクテリアが発生して、グリーンやブラウンのラインが入ります。	多湿 →バクテリア
ピンク ロット	Pink Rot	ステイプルの真ん中あたりでピンク色の繊維が1cmほど固まった状態になります。多雨多湿バクテリア発生によるもので、特に細番手の羊毛に見られるダメージです。	多湿 →バクテリア
ピンク ティップ	Pink Tip	毛先がピンク色に硬く尖ったようになります。長毛種の背筋の毛先によく見られ、冬場に雨が多く多湿のときに起こりやすいダメージです。	低温多湿
ファーン ステイン	Fern Stain	多雨肥沃な草地で通年飼育している所で見られます。牧草の中の枯れ枝や種が粉状になったものが染み付き茶色っぽくなるダメージ。	牧草
ログ ステイン	Log Stain	山火事などで炭化した牧地に羊が入り込んだことによる黒色の汚染。	炭化した草地
ブルー ステイン	Blue Stain	フリースの背筋や尻に見られるブルーのライン。バクテリアによるものです。	バクテリア
カパー ステイン	Copper Stain	腐蹄症防止の薬浴の液による汚染で、毛先が緑色になります。	薬浴
ブランド ステイン	Brand Stain	牧場のマーキングによる汚染で、色は様々です。	マーキング
シェド ステイン	Shed Stain	毛刈り小屋が汚れていることによるダメージです。	羊舎管理
ケッド ステイン	Ked Stain	外部寄生虫によるもので、皮膚から吸った血と混ざって洗っても落ちない赤茶けた色の汚染が起こります。仔羊の貧血症はこれが原因の場合があります。	外部寄生虫

"Sheep Farming : Assignment 1" New Zealand Technical Correspondence Institute.

ポンタチャート・1　羊毛の品種別毛番手と弾力の分布

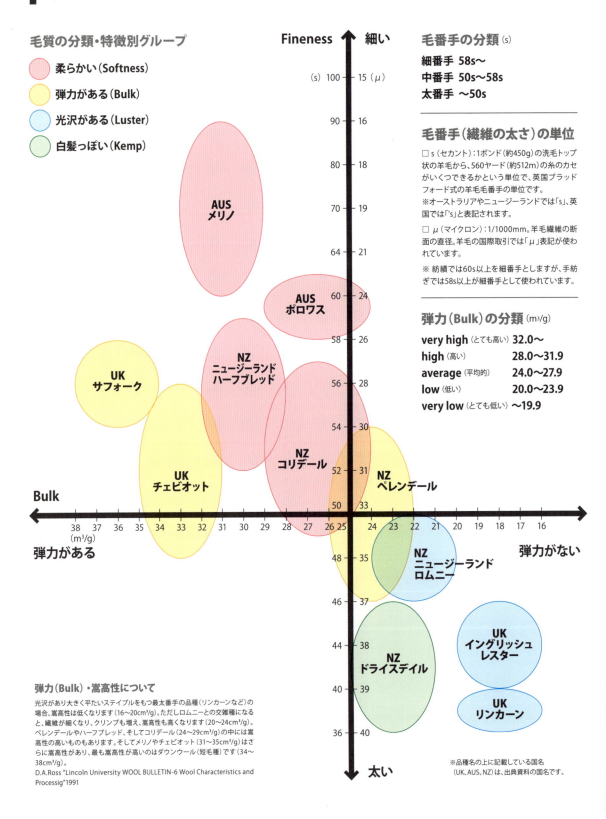

ポンタチャート・2 用途に合わせてフリースを選ぶ

マフラー・ショール
58s以上の細番手から選ぶ

柔らかさや肌ざわりの良さで選ぶ

用途	フリース	難易度
初心者なら	ポロワス（54〜52s）	難易度 ★
イチオシ！	ポロワス（58s）	難易度 ★★
ふくらみなら	ニュージーランド ハーフブレッド	難易度 ★★
ふだん使いのタフなやつ	コリデール	難易度 ★★
極細の柔らかさ	メリノ	難易度 ★★★
ハリと光沢のレース用	シェットランド	難易度 ★
弾力なら	国産サフォーク（58〜56s）	難易度 ★★
しなやかさと光沢のレース用	ブルーフェイス レスター	難易度 ★★★

服地・ブランケット
56〜48sの弾力系から選ぶ

弾力とハリのある中番手を選ぶ

用途	フリース	難易度
原種の羊	シェットランド	難易度 ★
光沢なら	コリデール	難易度 ★★
もちろん筆頭	チェビオット	難易度 ★
弾力なら	国産サフォーク	難易度 ★
人気のモーリット（甘茶）色	マンクス ロフタン	難易度 ★★
弾力なら	ブラック ウェリッシュ マウンテン	難易度 ★★
セーターでもブランケットでも	ジェイコブ	難易度 ★
初心者なら	ペレンデール	難易度 ★

ニット
60〜46sなら何でもOK

結局ニットは何を選んでも良いのです

用途	フリース	難易度
薄物・インナー	メリノ	難易度 ★★★
薄物・インナー	ポロワス	難易度 ★★
ふくらみなら	ニュージーランド ハーフブレッド	難易度 ★★
光沢としなやかさなら	コリデール	難易度 ★★
憧れのフェアアイルセーター	シェットランド	難易度 ★
光沢とふくらみなら	ペレンデール	難易度 ★
アランセーターなら	チェビオット	難易度 ★
超人気のプチ	ジェイコブ	難易度 ★
光沢があるのでレースも可	ニュージーランド ロムニー	難易度 ★
毛先クリクリ	ゴットランド	難易度 ★★
アートヤーンなどにも適	キッドモヘヤ	難易度 ★★

ラグ
50s以下の太番手で選ぶ

光沢系？それとも軽くてタフなケンプ系？

用途	フリース	難易度
光沢なら	ニュージーランド ロムニー	難易度 ★
光沢なら	リンカーン	難易度 ★★
クリクリ長毛で光沢アリ	ウェンズリーディール	難易度 ★★
しっかりとした梳毛に適	ドライスデイル	難易度 ★★
ふくらみなら	ハードウィック	難易度 ★★
5色から色を選べる	トルコ羊毛	難易度 ★

フェルト／ニードルパンチ
短い繊維で選ぶ

細くて短いほど速くフェルト化するよ

用途	フリース	難易度
帽子・バッグのベースに適	メリノバッツ（64s）	難易度 ★
繊細な文様にも	イタリアメリノ（80s）	難易度 ★★
立体を作るなら	コリデール	難易度 ★★
ニードルで人形の中ワタに	国産サフォーク カード済	難易度 ★
光沢アリ 靴・バッグに適	ゴットランド	難易度 ★★
敷物・バッグなら	トルコ羊毛	難易度 ★

SPINNUTS 2018　23

用途に合わせて羊毛の毛質を4つのグループに分ける

羊の毛を使って、衣と住の色々な物を作ることができます。柔らかい細番手の毛で肌に接するマフラーや肌着、中番手の毛でセーターや服地、太番手の毛で敷物やゲルのようなフェルトの家まで。また、世界中には3,000種もの羊の品種があるといわれていますが、だからといって毛の特徴がそれぞれ全く違うわけではありません。羊毛も特徴のよく似た品種がたくさんあります。味覚に「甘い・辛い・酸っぱい・苦い」があるように、羊毛も「柔らかい・弾力がある・光沢がある・白髪っぽい」に大きく分けることができます。

Softness 柔らかい
　例：メリノ、ポロワス、コリデール、シェットランドなど
　※シェットランドは、柔らかいだけではなく、弾力も光沢もある毛質ですが、ここではその品種の最も際立っている特徴で分類しています。

Bulk 弾力がある
　例：チェビオット、サフォーク、ジェイコブなど

Luster 光沢がある
　例：ロムニー、リンカーンなど

Kemp 白髪っぽい
　例：ハードウィック、ウェルシュ マウンテンなど

次に22ページのポンタチャート・1を見てみましょう。上記の4つのグループは、このチャート上の位置が、かなり特徴的であることがわかります。「Softness 柔らかい」は左上あたり、「Bulk 弾力がある」は左側センター寄り、「Luster 光沢がある」は右下に、「Kemp 白髪っぽい」は中央下あたりに位置しています。このように繊度と弾力の座標軸で見ていくと、グループごとにまとまりがあることがわかります。そして毛の細さも、Softness—Bulk—Luster—Kempの順番になっています。羊の種類はたくさんありますが、羊毛は毛の細さと弾力を観察すれば、どのグループに属しているかわかるのではないでしょうか。そして自ずと使い方が見えてくると思います。

[用途に合わせた羊毛選びの参考例]

Kemp 白髪っぽい
用途：ゲル（フェルトの家）
品種：蒙古羊、トルコ羊毛など

Bulk 弾力がある
用途：クッション、ブランケット
品種：チェビオット、サフォークなど

Luster 光沢がある
シャギーの敷物
ウェンズリーディール、リンカーンなど

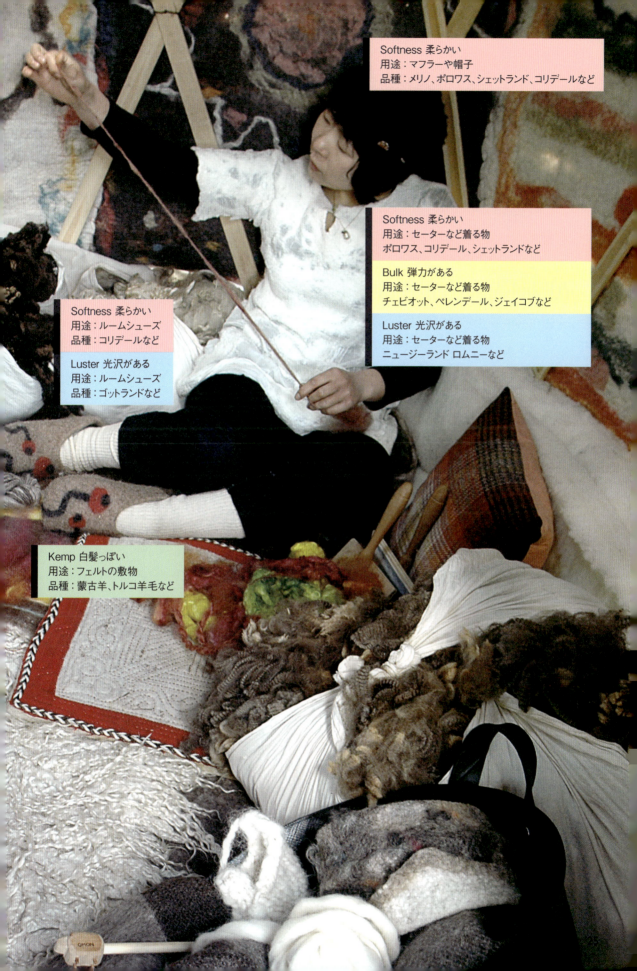

Softness 柔らかい
用途：マフラーや帽子
品種：メリノ、ポロワス、シェットランド、コリデールなど

Softness 柔らかい
用途：セーターなど着る物
ポロワス、コリデール、シェットランドなど

Bulk 弾力がある
用途：セーターなど着る物
チェビオット、ペレンデール、ジェイコブなど

Luster 光沢がある
用途：セーターなど着る物
ニュージーランド ロムニーなど

Softness 柔らかい
用途：ルームシューズ
品種：コリデールなど

Luster 光沢がある
用途：ルームシューズ
品種：ゴットランドなど

Kemp 白髪っぽい
用途：フェルトの敷物
品種：蒙古羊、トルコ羊毛など

羊毛の毛番手サンプル

ニュージーランド
スーパー ファイン メリノ
[細番手] 90s (16.5μ)

ニュージーランド
ファイン メリノ
[細番手] 70s (19μ)

ニュージーランド
ストロング メリノ
[細番手] 60s (24μ)

オーストラリア
ポロワス
[細番手] 58s (26μ)

オーストラリア
コリデール
[中番手] 56s (28μ)

ニュージーランド
ニュージーランド ハーフブレッド
[中番手] 54s (30μ)

ニュージーランド
ペレンデール
[中番手] 52s (31μ)

オーストラリア
コリデール
[中番手] 50s (33μ)

柔らかい Softness

メリノ
Merino

千葉県　マザー牧場

毛長：7.5～12.6cm
毛量：3.0～7.0kg
毛番手：60s（24μ）より細い

［原産国／主な産毛国］

　スペイン原産。現在、世界各国で飼育されていますが、特にオーストラリア中部全域の乾燥地帯に多い品種。他ニュージーランド南東の高地、南アフリカなど。

［身体的な特徴］

　顔と足が白く、首にひだのある頑強な羊。すべての種オス（Ram）と、まれにメス（Ewe）にも角があります。

［歴史など］

　近代メリノはスペインで品種改良されたスペインメリノがその祖とされています。夏は山地、冬は南部の温暖な低地に羊を移住させることによって毛質をよりファイン（Fine・細番手）に向上させていきました。また移動させることにより筋肉を引き締めさせ、「トラベリング シープ（Traveling Sheep）」と呼ばれるようにもなりました。1765年の輸出解禁により、メリノは世界各地に一斉に輸出されましたが、本来湿気に弱く放牧に適している品種のため、特にオーストラリアや、南アフリカで定着します。オーストラリアでは、スペイン メリノの血をひくファイン ウール メリノ、ファインからミディアムのサクソン メリノ、ストロング タイプのサウス オーストラリア メリノが飼育されています。

［解説］

　ウール産業においてメリノは最重要品種です。近年、より細番手に品種改良したり、洗濯機で洗えるよう防縮加工（フェルト化の原因であるスケールをウレタン樹脂などで覆う、もしくは塩素処理で除去すること）したり、布団ワタ用に嵩高性を増すスーパー クリンプ加工をしたり、飛行機など強度の耐火性が必要とされる分野で、ウールのもつ難燃性をより高める防炎加工をしたり…と、時代のニーズに合わせて、品種そのものも、加工方法も進化し続けています。

［作品］

　羊毛中最も細いメリノは、肌触りがよく薄手の物ができます。マフラーなど肌に触れる物、そしてフェルト作りにとても適しています。スーツや制服に使われる毛織物はほとんどがメリノです。

ポロワス
Polwarth

オーストラリア　Wendy Dennisさんの牧場

毛長：10～14cm
毛量：4.0～5.5kg
毛番手：58s（26μ）～60s（22μ）

［原産国／主な産毛国］

オーストラリアで18世紀に品種改良されました。オーストラリアのビクトリアやタスマニアなど、東南海岸沿いの雨の多い地域（丘陵地）。ニュージーランドでは南島で飼われています。

［身体的な特徴］

顔には毛がありません。有角と無角がいます。最近は角のないポール ポロワス（Poll Polwarth）がほとんどです。

［歴史など］

ポロワスは、1880年にオーストラリア各地で、リンカーンとメリノを交配したクロス ブレッド（XBD）に、もう一度メリノを掛け合わせてカムバック（Comeback）にした羊種。3/4がメリノで、1/4リンカーンの血が混じった品種です。オーストラリアのビクトリア州など、雨の多い地方ではメリノの飼育が難しかったことと、コリデールより細番手の羊毛を必要としたことにより、この品種が作られました。肉も毛も採れるので、牧場での収入源になりますが、乾燥地帯では飼育が困難です。

［解説］

メリノの血が3/4入っているので、とても柔らかい毛質。しかもメリノより脂分は少なく、洗うときも扱いやすい羊毛です。オーストラリアのウェンディ デニス（Wendy Dennis）さんの牧場のようにカバード フリース（Covered Fleece）といって、布で作ったカバーを羊に着せ、泥や夾雑物（特に植物の種や棘など）の混入がないスピナー用の特別なフリースを生産する牧場もあります。

メリノのように柔らかいのですが、メリノより膨らみに欠けます。シェットランドなどの膨らみのある羊毛をブレンドしても良いでしょう。

［作品］

柔らかく肌触りが良いので、ニットやマフラー、ストールに適しています。

柔らかい Softness

コリデール
Corriedale

オーストラリア　J.ブレル牧場

毛長：7.5〜12.5cm
毛量：4.5〜6.0kg
毛番手：50s（34μ）〜56s（27μ）

［原産国／主な産毛国］

19世紀にニュージーランドで品種改良されました。産毛国はニュージーランドの南島、カンタベリー地域が中心。オーストラリアでは東海岸、ニュー サウス ウェールズなどでも飼われています。

［身体的な特徴］鼻が黒い。角はありません。

［歴史など］

コリデールはニュージーランドで、毛の長いリンカーンとメリノとの交配によって固定された羊種。19世紀末にコリデールとして認められました。リンカーンのもつ、雨や湿気に強く、毛は太く、光沢に富み、良質の飼料を与えれば食肉としての品質が高いという特徴と、メリノのもつ乾燥に強く、粗食にも耐え、頑強な体格で、毛は最も細いという特徴、この二つの品種の長所を掛け合わせた羊。コリデールは、厳しい山岳地帯から雨の多い牧地に至るまで、広い地域にわたって良く育ち、毛はメリノよりは太いもののミディアム タイプの良質の毛を産し、肉質が良い、毛肉兼用の理想的な羊として牧羊業界でも大切な羊種とされています。

［解説］

柔らかく光沢のある中番手の毛質。コリデールは脂分が15%と多く、フェルト化しやすいので、洗毛する場合は、最初にモノゲンの洗剤を10%と多めに使い、60℃の湯で一気に脂分を除去します。そして繊維自体がしなやかで絡みやすいので、手早く作業することも大切なポイントです。

また、コリデールは、1945年〜1955年頃、日本に羊が約100万頭いた時代に最も頭数の多かった品種です。雨にも強く日本の気候によく馴染み、毛も肉も質の良い大型の羊ですが、サフォークが1960年代以降に導入されたことで、激減しました。

［作品］

メリノの柔らかさと、リンカーンのハリを併せもち、しっかりフェルト化する良さがあります。ニットからストールまで衣類全体、フェルトにするとメリノよりコシがあるので、立体的な造形や、帽子やバッグ、ルームシューズに向きます。

柔らかい Softness

ニュージーランド ハーフブレッド
New Zealand Halfbred

ニュージーランド　南島

毛長：7.5～12.5cm
毛量：4.0～5.0kg
毛番手：52s（31μ）～58s（25μ）

［原産国／主な産毛国］

　ニュージーランドの南島全域の高地の麓、少雨地域で飼われています。

［身体的な特徴］

　中くらいの体格で、白い顔と脚は、しばしば羊毛で覆われています。鼻はピンク色です。

［歴史など］

　19世紀末にニュージーランドで、メリノとロムニー、リンカーンなどの長毛種と交配されました。コリデールと似ていますが、メリノの繁殖力旺盛なキャラクターと羊肉を目的として改良された品種です。ニュージーランド ハーフブレッドはニュージーランド南島の高地の麓で飼われていますが、メリノはより高地で放牧されています。

［解説］

　メリノよりは太い繊維で中番手。ロムニーと交配しているので、コリデールより膨らみがある毛質。ニュージーランド ハーフブレッドの毛質に関しては国外から高く評価されていて、ときにメリノのファインタイプより高い値段がつくこともあります。

［作品］

　薄手のニットなどの衣類に適しています。毛質はコリデールと同じ中番手ですが、コリデールよりも膨らみがあり、メリノと同じくらい細番手のフリースもあるので、マフラーなどにも適しています。

柔らかい Softness

シェットランド
Shetland

英国　シェットランド島

毛長：5〜12cm
毛量：1.0〜1.5kg
毛番手：50's（33μ）〜60's（24μ）

［原産国／主な産毛国］

スカンジナビアから来たといわれる。主に英国北東海上沖のシェットランド島。近年は英国各地で飼われています。

［身体的な特徴］

体格は小さく、ピンと立った耳。種オス（Ram）はカーブした立派な角があります。様々な毛色の個体がいます。

［歴史など］

シェットランドは、羊毛の分類上では短毛ダウン種（Shortwool and Down）に入り、住んでいる地域は丘陵地（Hill）ですが、本書では毛の特徴を優先して「柔らかい」グループに分類しています。シェットランド島はスコットランド北東の海上に浮かぶ寒冷な島で、羊たちは岩やピート（泥炭）に生えている苔や草を食べて生きています。スカンジナビア半島が発祥の地といわれ、英国で最も古い品種のソアイ（ソーエイ・Soay）種の血を引いているといわれ、野性的な特徴を残しています。主にツイード、フェアアイルパターンのセーターやソックス、手袋、ショール、ブランケット、敷物などに使われます。白（White）の他にライトグレー（Light Gray）、グレー（Gray）、青みグレー（Emsket）、光沢のある濃いグレー（Shaela）、薄いグレー茶（Musket）、淡い黄褐色（Fawn）、薄い甘茶（Mioget）、甘茶（Moorit）、濃い茶（Dark Brown）、黒（Black）の11色に分類できるほど、たくさんの色が楽しめます。世界中からの需要が多い品種。

※春になると繊維が細くなり、その部分で切れて、冬毛が夏毛に換毛するため、つい最近まで「ルーイン（Rooing）」といって脱毛前に人の手で引き抜く方法で採毛していました。

［作品］

シェットランド羊の毛は、レース用の細いものから敷物用の太い毛まで幅がありますが、スピナーには極細繊維で作ったシェットランド レースや、膨らみのある中番手で作ったフェアアイル セーターが有名です。

チェビオット
Cheviot

スコットランド

毛長：8～10cm
毛量：2.0～2.5kg
毛番手：48's（35μ）～56's（28μ）

［原産国／主な産毛国］

英国原産。スコットランドとイングランドのボーダーにある、チェビオット ヒルズや南スコットランド、ノーザンバーランドやサウス ウェールズ、他にスカンジナビア、北アメリカ、南アフリカ、ニュージーランドなどで飼われています。

［身体的な特徴］

まっすぐな耳と広い背中、顔と足は毛がありません。ローマン ノーズ（Roman Nose・鷲鼻）といわれるように、鼻筋が高いのが特徴です。まれに種オス（Ram）に角があります。母羊（Ewe）は子育てがうまく、脚力もあり補助飼料なしでも山岳地で生息できる頑強な品種です。

［歴史など］

イングランドとスコットランドのボーダーにあるチェビオット ヒルズにて14世紀頃に品種として確立しました。スコティッシュ ブラックフェイスに次いで英国種ではポピュラーな羊です。

［解説］

英国山岳種の中で最も有名。ツイードの服地やニット製品にされます。クリンプは比較的明瞭で、中～太番手で光沢も良く、部位差や個体差が大きい。手紡ぎ・手織り愛好家の中ではポピュラー。服地、ニット、ブランケット、ラグと、適応する範囲がとても広い品種です。

「チェビオットに始まり、チェビオットに終わる」と言われるほど、ホームスパンをする人にとっては大切な品種。紡ぎやすく、中庸で、他の品種とブレンドしても相手をよく引き立てます。糸の作り方とブレンドする相手によって、自在に変化してくれる羊毛です。

［作品］

チェビオットは膨らみとハリとコシのある毛質で、ニットから服地、ブランケットまで何でも作りやすい羊毛です。アラン模様にすると陰影がはっきり出るのでお薦めです。

弾力がある Bulk

弾力がある Bulk

サフォーク
Suffolk

北海道　美蔓めん羊牧場

毛長：8〜10cm
毛量：2.5〜3.0kg
毛番手：54's（30μ）〜58's（26μ）

［原産国／主な産毛国］

英国サフォーク州を原産地とする羊種。アメリカ、英国など各地で飼われています。

［身体的な特徴］

体格はずんぐりとして大型、毛は短く、顔・耳・手足が黒い。

［歴史など］

サフォークは英国短毛種（シロプシャー、オックスフォードダウンなどの13種※）の中の1つ。体が大きく、多産で、早熟なことから肉用目的で飼育されています。弾力に富む毛質で、毛足が短くステイプルは円筒形です。

日本では元々、採毛目的のコリデールがたくさん飼育されていましたが、1961年に羊毛の輸入が自由化されたことで、オーストラリアから大量にメリノの羊毛が輸入できるようになり、羊毛目的で羊を飼うのではなく、肉を目的とした品種に切り替えることになりました。そのため、肉用種として優れているサフォークが1967年に導入され、現在に至っています。

※ダウン種に属する羊種：Clun Forest ／ Dorset Down ／ Dorset Horn ／ Devon Closewool ／ Exmoor ／ Hampshire Down ／ Kelly Hill ／ Oxford Down ／ Ryeland ／ Shrpshire ／ South Down ／ Suffolk Down ／ Wiltshire Horn

［解説］

現在日本にいる羊の代表といえば顔と手足の黒いサフォークです。短毛で膨らみのある毛質を生かして、その毛の多くは羊毛布団として使われてきました。

日本では布団に木綿や羽毛、ポリエステルなどの化学繊維がよく使われます。それぞれに特徴がありますが、羊毛布団は、羽毛よりは重く感じますが、よく空気を含むので暖かく、何よりその復元力の良さは、サフォークならではの嵩高性からくるものといえます。

［作品］

短毛で膨らみのあるサフォークは、紡毛のツイードやニットに適しています。日本のサフォークは英国と比べ、細番手のメリノくらい柔らかいものもありますので、マフラーにしても良いでしょう。

弾力がある Bulk

ジェイコブ
Jacob

英国　コッツウォルド

毛長：8～17cm
毛量：2.0～2.5kg
毛番手：44's（38μ）～56's（28μ）

［原産国／主な産毛国］

古代メソポタミア地域が原産といわれている。現在はグレートブリテン島に広く分布。

［身体的な特徴］

茶と白のブチ。大抵はオス、メス共に2本又は4本の角があります。

［歴史など］

ジェイコブの起源は、古代メソポタミアの脂尾羊種（Fat Tailed種・脂肪をたくわえて肥大した尾をもつ羊種）に始まるといわれ、聖書の創世記にも出てくる非常に古い品種。シリアやレバノン、スペインから来たともいわれています。生まれた時には、茶色の斑点が非常に濃い色をしていますが、歳をとると共にしだいに薄くなっていきます。

［解説］

「―イスラエルの人々は、進んで心から、幕屋の仕事、祭服に用いるため主への献納物を携えてやって来た。…（中略）…心に知恵を持つ女は皆、自分の手で紡ぎ、紡いだ青、紫、緋色の毛糸、および亜麻糸、山羊の毛、赤く染めたオス羊の毛皮などを携えてやって来た―」これは『旧約聖書』（紀元前2世紀頃）の『出エジプト記』の一文です。昔から羊毛で作ったものは、貢物として大切にされてきました。また羊の品種改良に最初に取り組んだ羊飼いは、旧約聖書によればヤコブで、まだらや黒の毛をした羊を増やしたとあります。そのヤコブの名をとって「ジェイコブ」と呼んでいます。しかしこの種の起源は、バイキングの羊の影響があるとも、シリア、レバノン、スペインから来たとする説もありますが、定かではありません。

［作品］

一頭の中に白と茶のブチの羊毛をもつジェイコブ。色を分けて紡いで良いですし、ランダムに一房ずつ混ぜて紡ぐのも良いでしょう。膨らみと光沢を合わせもつジェイコブはスピナーに人気のある品種です。

弾力がある Bulk

マンクス ロフタン
Manx Loaghtan

日本獣医生命科学大学　写真：レア・シープ研究会

毛長：7〜10cm
毛量：1.5〜2.0kg
毛番手：44's（38μ）〜54's（30μ）

[原産国／主な産毛国]

主に英国のマン島にいる稀少品種（Rare）。

[身体的な特徴]

2〜4本、稀に6本の角がある、最も小さな品種の一つ。メスには小さな角、種オスには固くて大きな角があります。甘茶色の毛をしているが、顔と脚には毛がありません。

[歴史など]

バイキングの支配下にあったマン島に、古くからいる羊なので、バイキングの羊だと考えられています。ロフタンとは「小さい、愛らしい茶色い奴」というバイキングの言葉。羊毛は短毛で茶系の色。茶色には仔鹿色からダーク ブラウンまで幅があります。その中で赤みがかった茶色はモーリット（Moorit）と呼ばれています。

[解説]

1990年に、百瀬正香さんが英国からマンクス ロフタン20頭を日本に導入し、「レア・シープ研究会」を発足。2018年には60数名のメンバーによって、全国17の牧場で75頭の血統登録したマンクスが飼育されています。百瀬正香さんがマンクス ロフタンを保護し、血統維持を目指して日本に導入したきっかけは、このマンクス ロフタンの毛で作った、セント キルダ ツイードに惚れ込んだためだそうです。

[作品]

毛は中番手。主に手紡ぎや手織りをする人たちによって、ニットや織物に使われています。

弾力がある Bulk

ペレンデール
Perendale

ニュージーランド　ANN.牧場

毛長：10～15cm
毛量：3.0～5.0kg
毛番手：46s（37μ）～54s（30μ）

［原産国／主な産毛国］

　ニュージーランド全域と、オーストラリアのビクトリア州、ニュー サウス ウェールズ州に分布しています。

［身体的な特徴］

　脚力の強さや、自分で餌を探す能力、母性に優れ子育て上手な特徴を、英国山岳種のチェビオットから受け継いでいます。

［歴史など］

　1960年にニュージーランドのペレン教授（sir Geoffrey Peren）によってつくられた品種。ロムニーとチェビオットを交配（Inbred）した品種。丘陵地に適していて、毛肉兼用種。痩せた土壌の草地でも逞しくサバイバルし、手間のかからない品種。厳しい丘陵地でも仔羊の成長率が良い羊です。

［解説］

　ペレンデールの毛はロムニーの特徴が出れば光沢のある長毛に、チェビオットに偏れば嵩高性のある毛質になります。ニットウエアや、パイルカーペットに、嵩高性を増すために使われます。またブランケットにも適しています。

［作品］

　ロムニーの光沢と、チェビオットの膨らみを併せもつ品種。初心者にも扱いやすく、ニットやブランケットに適しています。

光沢がある Luster

ニュージーランド ロムニー
New Zealand Romney

ニュージーランド　MONUINA Stud牧場

毛長：12.5〜17.5cm
毛量：4.5〜6.0kg
毛番手：46ｓ（37μ）〜50ｓ（33μ）

［原産国／主な産毛国］

原産は英国のケント州と東サセックス州。ニュージーランド全域で飼われています。

［身体的な特徴］

顔と脚共に毛に覆われており、中くらいの体格です。

［歴史など］

ロムニーの原産は英国のロムニー マーシュ地方（ケント州）で、沼沢地であったため、多雨多湿のニュージーランドの丘陵地での飼育に適していました。足の蹄（ひづめ）が腐る病気（Foot Rot）にかかりにくい堅い蹄が特徴。ロムニーの交雑種も含め、ニュージーランドの集毛量の70%を占めており、主にカーペット、ブランケット、オーバーコート地やインテリアファブリックに使われます。

［解説］

光沢のある美しいクリンプで、ハリとしなやかさがあり、毛長もほど良く、しかも脂分が少ないため洗いやすいところが、初心者にお薦めの理由です。

例えば村尾みどりさんが紹介されたニュージーランドの「キーウィ クラフト（Kiwi Craft）」は、ロムニーの毛長の長さと脂分の少なさを生かした、撚りをかけない無撚糸（むねんし）です。これはニュージーランドの原住民マオリ族の女性たちが、原毛の仕分け作業の手を休めて、刈り取ったばかりの原毛の房を手でほぐし、糸状に引きだして、その場で帽子や手袋などを編む手法ですが、こういった糸は、ニュージーランドだけでなくアフリカ、アジア、アメリカなどでも昔から作られていました。日本の正倉院に所蔵されている中国伝来の花氈（かせん）（フェルトの敷物）の中に、無撚糸で草木の文様を表現したものもあります。

［作品］

ロムニーのハリと光沢のある長毛を生かした無撚糸は、色を変えて一房ずつほぐしながら繋いでいくと、グラデーションのある糸になります。それを編むと、撚りの入った糸には無い透明感のある糸になります。

光沢がある Luster

ブルーフェイス レスター
Bluefaced Leicester

写真：英国羊毛公社

毛長：8〜15cm
毛量：1.0〜2.5kg
毛番手：48's（35μ）〜50's（33μ）

[原産国／主な産毛国]

イングランド北部、スコットランドとウェールズ。

[身体的な特徴]

ローマン ノーズ（Roman Nose・鷲鼻）で角のない羊。ダーク ブルーに見える頭部の肌。頭と脚には毛がありません。

[歴史など]

ブルーフェイス レスターは、頑強な丘陵種から高品質な雌の交雑種を品種改良するために、19世紀につくられました。タイン アンド ウィア谷（Tyne and Wear Valleys・英国イングランド北東部の州）や、東カンブリアの丘陵で見られます。しばしばヘクサム レスター（Hexham Leicester）とも呼ばれています。英国種の中で最も多産な品種の一つです。

[解説]

ブルーフェイス レスターの毛は、細く、密度があり、クリンプはやや光沢があります。主にモケット（絨毯や椅子張りなどの厚いビロード状の毛羽のある毛織物）や、礼服地、高級な光沢のある糸に使われます。

[作品]

光沢がある品種の中では、とても細い毛質なので、シェットランドと並んでレースにも適しています。

光沢がある Luster

リンカーン ロングウール
Lincoln Longwool

写真：英国羊毛公社

毛長：15～35cm
毛量：7.0～10.0kg
毛番手：36's（40μ）～40's（39μ）

[原産国／主な産毛国]

英国のリンカーンシャー、レスターシャーなどの沼沢地が原産。他にオーストラリアやニュージーランド、アルゼンチンでも飼われています。

[身体的な特徴]

英国種の中で一番大きな体格をしていて、顔に前髪が垂れ下がっています。脚は毛に覆われており、角はありません。

[歴史など]

19世紀末以来、世界中に広く純血種のリンカーンが輸出され、メリノとの交配でコリデール（メリノが1/2）やポロワス（メリノが3/4）など、リンカーンが大型で毛が太長く光沢が良いため、他品種との交配が盛んにおこなわれました。

また、ダウン種メスとの交配によりファット ラム（Fat Lamb・肉用の仔羊）産出にも有用な羊種。その他、ティーズウォーター（Teeswater）やウェンズリーディール（Wensleydale）にもリンカーンの血が混じっています。このように歴史的に非常に有用な羊種でありながら、太番手羊毛の値下がりによる飼育数の漸減は、やむをえない現実といえるでしょう。

[解説]

大きく波打つ美しいクリンプの、太番手の羊毛。光沢のある長毛を生かして、タピストリー、敷物、椅子張りなどに使われます。中でもノッティングで作るシャギーマットは、リンカーンの魅力を生かした用途です。

[作品]

本来は敷物や椅子張りに使われる太番手の羊毛ですが、長くて美しいステイプルをコーミングして梳毛に紡ぐと、光沢のある糸になります。それを単糸でかぎ針を使い大きな目で編むとレーシーなストールができます、これは機械にはできない手紡ぎならではの作品です。またリンカーンはよく縮絨しますのでフェルトにも適しています。

光沢がある Luster

ウェンズリーディール ロングウール
Wensleydale Longwool

写真：英国羊毛公社

毛長：20〜30cm
毛量：3.5〜7.0kg
毛番手：44's（38μ）〜48's（35μ）

［原産国／主な産毛国］

英国のヨークシャー デイル、ノース ランカシャー、ウェストモーランド、カンバーランドとスコットランドなど。英国中に種羊牧場があります。

［身体的な特徴］

青い顔に光沢のある前髪がかぶっていて、頭と耳も青みを感じる色をしています。カーリーな羊毛で無角。体格は大きく、皮膚は濃い色ですばらしいフリースを産します。

［歴史など］

19世紀に英国ノース ヨークシャーで、ニュー レスターの父親と、ティーズウォーターの母親から品種改良されました。頭と耳が青いため、「ブルーキャップ」と呼ばれていて、とりわけ種オスはその特徴がきわだち、他の長毛種と見分けられます。1839年に品種確立。熱帯に強い特性をもつことから、アフリカの品種との交配の研究も進められています。スウエイルデイルやラフ フェル、ブラックフェイスなどの丘陵種との交雑種をつくるために種オスを生むための品種として飼育されています。

［解説］

最も長い毛をもつ品種の一つ。毛長は20〜30cmと長く、絹のような光沢のある螺旋状にカールした毛質。手編毛糸用に使われますが、インテリア ファブリックなどに使われることもあります。

［作品］

長毛で光沢と美しいクリンプがあり、スピナーに人気の品種。ステイプルをそのまま生かし、一房ずつ経糸に挟むと豪華なシャギーマットを作ることができます。

※90％に縮小しています。

光沢がある Luster

モヘヤ
Mohair

ニュージーランド　南島

毛長：10〜15cm（年に2回毛刈りする場合）
毛量：不明
毛番手：36s（40μ）〜60s（24μ）

［原産国／主な産毛国］

　トルコ原産で、アメリカ、トルコ、南アフリカが三大産国、ニュージーランドでも飼われています。

［身体的な特徴］

　垂れた耳、羽のような尾、美しく螺旋状にカールした光沢のある毛をもつ山羊。

［歴史など］

　モヘヤとは、アンゴラ山羊の毛を指します。アンゴラという名前はトルコの町、アンゴラ（現アンカラ市）に由来しています。1838年にトルコから南アフリカに輸入されモヘヤの生産が始まりました。そして19世紀中頃にアメリカが輸入を開始し、その後テキサスを中心に増え、モヘヤの大生産国になります。

［解説］

　滑らかで白く光沢があり、ステイプルは螺旋状。毛は年齢と共に太くなっていきます。中でも細い仔山羊の毛をキッド モヘヤといいます。毛長は10から15cm（年に2回毛刈りする場合）。モヘヤの触感は冷たいため、夏の服地のサマー ウール（トロピカル ウーステッドなど）、手編み毛糸としてファンシー ヤーン、太番手は敷物に使われます。

［作品］

　手紡ぎのアート ヤーンの素材としても人気があります。モヘヤは手紡ぎの場合、100%で使うと重たく硬い糸になるので、コリデールやロムニーと混毛して紡ぐと、軽く膨らみのある糸にできます。

光沢がある Luster

ゴットランド
Gotland

スウェーデン　写真：帯刀貴子

毛長：8〜18cm
毛量：2.5〜5.0kg
毛番手：48s（35μ+）〜56s（27μ）

[原産国／主な産毛国]

　スウェーデンで飼われています。

[身体的な特徴]

　生まれる仔羊はほとんどが黒く、年齢と共にグレーになっていきます。

[歴史など]

　ゴットランドは、20世紀初頭にスウェーデンで品種改良され、ゴーシュ（Goth）、ギューテ（Gute）、ギューテファ（Gutefår）などの古品種と混同されることがありますが、これらはゴットランドの祖先の品種です。

[解説]

　光沢があるカーリーな毛質で、クリンプが明瞭です。年に2回毛刈りすることもあります。
　夏毛は秋に毛刈りしたもので、光沢がありクリンプがはっきりとしたモヘヤのような毛質です。冬毛は春に毛刈りしたもので、根元の内毛が柔らかく、毛先にカーリーな夏毛が少し残っています。柔らかい内毛はフェルト化しやすく、フェルトの敷物やルームシューズなどにも使われます。

[作品]

　根元の柔らかい内毛がよく絡むのでフェルトに適しています。ニットにしてから起毛させてもよいでしょう。太番手の場合は敷物にも向いています。

白髪っぽい Kemp

ハードウィック
Herdwick

写真：英国羊毛公社

毛長：15〜20cm
毛量：1.5〜2.0kg
毛番手：Coarse 35μより太い

［原産国／主な産毛国］

英国原産。スコットランドのレイク ディストリクト（湖沼地帯）や、荒涼とした高原地帯、カンブリア、ランカシャー地方で飼われている。

［身体的な特徴］

灰色の顔をしており、アーチ形の鼻と白い耳をもつ羊。足は短く白髪っぽい直毛に覆われています。仔羊の頃は、ほとんど黒に近い毛ですが、歳をとると共にライトグレーになっていきます。種オス（Ram）の角はクリーム色です。

［歴史など］

英国種の中で最も古い品種の一つで、原種に近いとされ、起源はスカンジナビア半島にあるといわれています。現在でも、イングランド北西部の山や湖沼地帯の荒涼とした風土の中、補助飼料なしで頑強に生息しています。

また、絵本『ピーターラビット』の作者ベアトリクスポターは、ハードウィック種めん羊飼育者協会で、中心的な役割を果たし、ハードウィック種の保護と育成に取り組んだことでも知られています。

［解説］

「一日の中に四季がある」と言われるほど変化のある気候の英国湖沼地帯（レイク ディストリクト）が原産のハードウィックは、メデュラと呼ばれる繊維の髄が中空なので、繊維の太さの割に軽くて保温力が高い羊毛のため、狩猟用のツイードに使われます。

ハードウィックだけでなく、世界中の在来種（蒙古羊、ナバホ チュロ、ウェルシュ マウンテンなど）には、このケンプを多く含む品種が数多く見られます。また1頭の羊の中にも太腿あたりにケンプの固い毛が生えやすく、また齢をとった羊もケンプが増えていきます。

［作品］

ハードウィック100％でニットや服地にすると膨らみにかけるので、チェビオットやサフォークなど弾力系の羊毛をブレンドすると、ニットや織物に膨らみが出て安定します。

ウェルシュ マウンテン
Welsh Mountain

写真：英国羊毛公社

毛長：5〜15cm
毛量：1.25〜2.0kg
毛番手：36's（40μ）〜50's（33μ）

[原産国／主な産毛国] 英国のウェールズ全域。

[身体的な特徴]

　輝くタン フェイス（日焼け色した顔）で、突出した目と小さな耳の小さな羊。脚は細くて毛はありません。種雄の角はよくカーブしています。

[歴史など]

　起源は明らかではありませんが、数百年前から英国ウェールズ山岳地方で飼育されてきた羊種。霧が深く年間2,500ミリに達するほど雨が多く、冬は雪が積もる厳しい環境の中、草の乏しい地域でも補助飼料なしで育ちます。母性に優れています。

[解説]

　フリースは太番手で膨らみがあり、この品種特有の赤やグレーや黒のケンプが含まれています。毛は雨露をしのぐ粗いヘアー（外毛）と、ソフトなウール（内毛）の二重構造。元々は、紡毛糸に紡績して伝統的なツイードやブランケットに使われていましたが、現在は主にカーペットに使われています。

[作品]

　繊維の細いものは、ツイードやフランネル、スカーフにされ、太いものはブランケットや敷物用。チェビオットと混毛すると服地にも適しています。

ブラック ウェルシュ マウンテン
Black Welsh Mountain

毛長：8〜10cm　毛量：1.25〜1.5kg
毛番手：48's（35μ）〜56's（28μ）

　ウェールズ原産、英国で唯一の黒色の品種「ブラック ウェルシュ マウンテン」。白いウェルシュ マウンテンの中で、黒い僧衣を作るために、黒い羊のみを選び出し、交配し固定した品種で、1922年に純血種と認められました。毛は短く、嵩高性があるため「弾力があるBulk」に分類しています。ウェールズの紡毛紡績工場でツイードにされます。

写真：英国羊毛公社

白髪っぽい Kemp

主な羊の品種一覧

品種名	英語表記	コメント		
アイスランディック シープ	Icelandic Sheep	欧州北の洋上、火山と氷河の国アイスランドで、千年以上隔離され放牧された品種。羊毛はヘアーと柔らかい内毛を多く含み、色は白、茶、グレー色。撚りをかけない糸から編んだニットやブランケットなど、表面を起毛させたテキスタイルが人気。		
ウェンズリーディール ロングウール	Wensleydale Longwool	19世紀に英国ノース ヨークシャー デイルで品種改良されました。前髪のある青い顔の羊。毛長は30cmと長く、絹のような光沢がある螺旋状にカールした毛質。		
ゴットランド	Gotland	主にスウェーデンの東にあるゴットランド島で飼われています。生まれる仔羊はほとんど黒く、年齢と共にグレーになります。光沢のあるカーリーな毛質で、内毛は柔らかい。白く柔らかい毛が根元に密生し、夏と冬で毛質が違います。ニット、フェルトに最適。太番手は敷物にも適しています。		
コリデール	Corriedale	メリノがもつ乾燥に耐え、毛が極細という特徴と、英国長毛種リンカーンがもつ雨に強く、肉質良く、光沢のある太い毛という特徴を生かして、19世紀にニュージーランドで品種改良されました。その後毛肉兼用種として世界中に広まります。メリノと並んで重要品種。日本でも1945～1955年頃、このコリデール種が約百万頭まで増えた時期がありました。		
サウスダウン	Southdown	英国のサセックスの丘陵地で、1800年代に改良された品種。肉用種で体格はずんぐりとしていて、毛は短く、密度と嵩高性があり、英国種の中で最も細番手。嵩高性を増すためにブレンドされることもあります。		
サフォーク	Suffolk	サウスダウンとノーフォーク ホーンから品種改良された後、19世紀初頭に登録された品種。毛は短く弾力がある英国短毛種。1960年代に日本にも導入されたため、黒い顔のサフォークは日本人に馴染みが深い品種です。		
ジェイコブ	Jacob	古代メソポタミアの脂尾羊(脂肪を蓄え肥大した尾をもつ羊種)に始まるといわれ、聖書にも出てくる。17世紀に英国種として確立する。2本又は4本の角をもち、白と茶のブチの毛で中番手、膨らみのある毛質はニットやブランケット、ツイードに最適。		
シェットランド	Shetland	スカンジナビアから来たといわれている、英国種の中で最も体の小さな羊。寒冷なシェットランド島で苔などを食べて生きてきました。ルーイン(Rooing)という春に換毛するタイミングで手で毛を抜き取る手法が近年までおこなわれていました。羊毛は白の他にライトグレー、グレー、青みグレー(Emsket)、光沢のある濃いグレー(Shaela)、薄いグレー茶(Musket)、淡い黄褐色(Fawn)、薄い甘茶(Mioget)、甘茶(Moorit)、濃い茶、黒の11色。この毛を使ったツイードやフェアアイル セーターやシェットランド レースが有名。		
スウェイルデール	Swaledale	イングランド北部ペナイン山脈に多く見られます。厳しい環境にも耐える丈夫な品種として20世紀に確立。丸くコイルした角と、黒い顔に白い鼻。毛はヘアーと柔らかいウールとの二重構造で太番手、主に敷物用。		
ブラックフェイス	Blackface	英国種の中で最も大切な羊の一つ。イングランドとスコットランドのボーダーのペナイン山脈などに多く見られます。白斑のある黒い顔と脚、カーブした角。毛はヘアーとウールの二重構造で太番手、敷物用。		
ソアイ	Soay	英国種の中で最も古い品種の一つ。スコットランドのソアイ島をはじめとして英国各地で見られます。小さく、頑強な体に、後ろにカーブした角と、チョコレート ブラウンの膨らみのある毛をもつ稀少品種(Rare Breeds)。		
チェビオット	Cheviot	イングランドとスコットランドのボーダーにあるチェビオット丘陵にて14世紀頃に品種として確立。白い顔とピンと立った耳で、オスには角があります。山岳種なので脚力があり、子育てがうまい。羊毛は中番手で膨らみとコシがあります。中庸な毛質でブレンドしやすく、着る物全般に応用しやすい。		
テクセル(テセル)	Texel	19世紀に、オランダの在来種に数種の英国種をかけ合わせて肉用に改良された品種。顔と脚は白く、早熟で大型、オスは体重が100kg近くになります。中番手で膨らみのある毛質。毛肉兼用種。		
ナバホ チュロ	Navajo Churro	16世紀にスペインから来たチュロ羊が祖先。ニュー メキシコやアリゾナの土着民族ナバホによって飼育されています。ヘアーとウールが混在する太番手の毛は、タピストリーにされます。		
ニュージーランド ハーフブレッド	New Zealand Halfbred	19世紀末にニュージーランドで、メリノとロムニー、リンカーンなどの長毛種と交配された毛肉兼用種。ニュージーランド南島の高地の麓で飼われています。主にニットウエアに適しており、コリデールより細く膨らみがあります。		

46　SPINNUTS 2018

産地	繊度	毛長	毛量	特徴・手触りなど
アイスランド	外毛：54s（30μ）～56s（27μ） 内毛：60s（22μ）～70s（19μ）	外毛：15～20cm/6ヶ月 内毛：5～10cm	1.75～3.25kg	Luster
英国	44's（38μ）～48's（35μ）	20～30cm	3.5～7.0kg	Luster/Long
スウェーデン	48s（35μ＋）～56s（27μ）	8～18cm	2.5～5.0kg	Luster
ニュージーランド オーストラリア	50s（34μ）～56s（27μ）	7.5～12.5cm	4.5～6.0kg	Soft
英国	56's（28μ）～60's（24μ）	4～6cm	1.5～2.25kg	Bulk
英国	54's（30μ）～58's（26μ）	8～10cm	2.5～3.0kg	Bulk
英国	44's（38μ）～56's（28μ）	8～17cm	2.0～2.5kg	Bulk/ Luster
英国	50's（33μ）～60's（24μ）	5～12cm	1.0～1.5kg	Soft/Bulk/ Luster
英国	Coarse 35μより太い	10～20cm	1.5～3kg	Kemp/ Harsh
英国	Coarse 35μより太い	15～30cm	1.75～3.0kg	Kemp/ Harsh
英国	44's（38μ）～50's（33μ）	5～15cm	1.5～2.25kg	Bulk/Soft
英国	48's（35μ）～56's（28μ）	8～10cm	2.0～2.5kg	Bulk
オランダ	48s（36μ）～58s（26μ）	8～15cm	3.25～5.5kg	Bulk
アメリカ合衆国	ヘアー：35μより太い ウール：10～28μ	外毛：15～36cm 内毛：8～10cm	1.75～3.75kg	Kemp/Harsh
ニュージーランド	52s（31μ）～58s（25μ）	7.5～12.5cm	4.0～5.0kg	Soft

品種名	英語表記	コメント
ニュージーランド ロムニー	New Zealand Romney	原産は英国のロムニー マーシュ地方（ケント州）の沼沢地で、多雨多湿の環境によく馴染み、現在ニュージーランドの集毛量の70％（ロムニー交雑も含む）を占めています。顔と脚にも毛があり、羊毛は光沢があり長毛、工業紡績では敷物用ですが、手紡ぎならニットに最適。
ハードウィック	Herdwick	スコットランド湖沼地帯や荒涼とした高原地帯が原産。起源はスカンジナビア半島にあるといわれています。白い能面のような顔、オスにはたいてい角があります。毛は白髪っぽいケンプなので、太番手で軽い。仔羊の時には毛が黒いが、年と共にライトグレーになります。主に敷物用。ハードウィックがブレンドされたハリスツイードは有名。
ウェルシュ マウンテン	Welsh Mountain	ウェールズ山岳地方の、霧が深く年間2,500ミリに達する雨量で、冬は雪が積もるという厳しい環境の中、補助飼料なしで育ってきたこともあり、この品種特有の赤いケンプ（レッドケンプ・Red Kemp）をもつ。手触りの柔らかいものはツイードやフランネル、スカーフされ、太いものはブランケットや敷物用。チェビオットなどと混毛しやすく服地に適しています。
ブラック ウェルシュ マウンテン	Black Welsh Mountain	ウェールズ原産で、ウェルシュ マウンテンの白い羊の中で、黒い僧衣を作るために黒い羊のみを選び出し、交配し固定した品種。1922年に純血種と認められた。毛は短く、弾力があり、染めずにニット、服地に使われます。
ブリティッシュ フライスランド	British Friesland	オランダが原産。ピンクの鼻と耳をもつ。乳用種のため乳量が多く、その羊乳からチーズを作る。毛は中番手。1985年に英国種として登録された。現在、英国中で飼育されています。
ブルーフェイス レスター	Bluefaced Leicester	西カンブリア地方原産、18世紀末にイングリッシュ レスターとチェビオットから品種改良された。ローマン ノーズ（Roman Nose・鷲鼻）にダークブルーに見える肌、ピンと立った耳、毛は光沢のある美しいクリンプ。細番手なので、シェットランドと並んでレースにも適しています。
ヘブリディアン	Hebridean	ジェイコブがスペイン系なら、ヘブリディアンはアイスランドやスカンジナビア系といわれています。体は小さく30kg前後。毛質はヘアーとウールの二重構造で、シェットランドとよく似た毛質。稀少品種（Rare Breeds）で、セント キルダ（St. Kilda）とも呼ばれることもあります。
ペレンデール	Perendale	1960年にニュージーランドのペレン教授（Sir Geoffrey Peren）によって作られた品種。ロムニーのメスとチェビオットのオスを交配（Inbred）したもの。山岳種チェビオットの脚力と、自分で餌を探し、母性に優れ子育て上手な特徴を受け継いだ手間のかからない羊です。毛質はロムニーの特徴が出れば光沢のある長毛に、チェビオットにかたよれば嵩高性のある毛質になるので、毛質に個体差が大きく表れます。ニット、ブランケットに適する。
ボーダー レスター	Border Leicester	18世紀にイングリッシュ レスターとチェビオットを交配して作られた品種。白くピンと立った耳が特徴的。北イングランドとスコットランドが主産地。毛長があるので手編み用の毛糸に使われます。
ボーレライ	Boreray	19世紀にスコットランドの西岸、ボーレライ島にて、ブラックフェイスとスコティッシュ ダンフェイスと繋がりのあるヘブリディアンから品種改良された。非常に小さい羊で、オスは大きな巻き角をもつ。羊毛はクリームから甘茶、グレー、ときに白地に別のカラーのスポットが入る。
ポロワス	Polwarth	1880年にオーストラリアでリンカーンとメリノを交配したクロスブレッドに、もう一度メリノを合せてカムバック（Comeback）とした羊種。オーストラリアのビクトリア州など雨の多い地方でメリノの飼育が難しかったことと、細番手の羊毛のニーズ、さらに肉も毛も採れる品種が求められたため、頭数を増やしました。メリノほど脂分も多くなく、スピナーにも人気のある毛質。
マンクス ロフタン	Manx Loaghtan	バイキングがいたことでも有名なマン島にいる羊。2〜4本の角をもつ。ロフタンという言葉もバイキング語で「小さい、愛らしい茶色い奴」という意味。羊毛は甘茶（Moorit・赤みがかった茶）で、短毛、中番手でニットやツイードにされます。
メリノ	Merino	最細番手の羊毛を産する羊として羊毛取引上で最重要品種。スペインで品種改良されたスペインメリノがその祖とされます。オーストラリアには18世紀に上陸。以来乾燥した環境に馴染み、オーストラリアが世界一のメリノ主産国となります。現代のウール衣料は、メリノが主流といっても過言ではありません。
蒙古羊	Mongolian	チベットの脂尾羊が原種だといわれています。顔は有色が多いですが、まだらの個体もいます。毛は短くヘアーとウールの二重構造。モンゴルの遊牧民は5月〜8月の3ヶ月分伸ばしたオスの短い毛でゲル（ユルト）というフェルトの家を作ります。
リンカーン ロングウール	Lincoln Longwool	英国原産。体が大きく、肉用の羊（Fat Lamb）を産出するのに有用な羊種のため、19世紀末以降他品種との交配が多くおこなわれた有用な品種。メリノとの交配でコリデール（1/2）、ポロワス（1/4）など。羊毛は光沢に富み、ステイプルは平たく大きく波打つ長毛。椅子張りや敷物などに使われる。脂分が多く、フェルト化しやすい。

産地	繊度	毛長	毛量	特徴・手触りなど
ニュージーランド	46s（37μ）～50s（33μ）	12.5～17.5cm	4.5～6.0kg	Luster
英国	Coarse 35μより太い	15～20cm	1.5～2.0kg	Kemp/Harsh
英国	36's（40μ）～50's（33μ）	5～15cm	1.25～2.0kg	Kemp/Harsh
英国	48's（35μ）～56's（28μ）	8～10cm	1.25～1.5kg	Bulk
英国	52's（31μ）～54's（30μ）	10～15cm	4.0～6.0kg	Luster
英国	48's（35μ）～50's（33μ）	8～15cm	1.0～2.5kg	Soft/Luster
英国	48's（35μ）～50's（33μ）	5～15cm	1.5～2.25kg	Harsh/Bulk
ニュージーランド	46s（37μ）～54s（30μ）	10～15cm	3.0～5.0kg	Bulk/Luster
英国	44's（38μ）～50's（33μ）	15～25cm	2.75～4.5kg	Luster
英国	Coarse 35μより太い	6～12cm	1.0～2.0kg	Harsh/Soft
オーストラリア	58s（26μ）～60s（22μ）	10～14cm	4.0～5.5kg	Soft
英国	44's（38μ）～54's（30μ）	7～10cm	1.5～2.0kg	Bulk/Soft
オーストラリア ニュージーランド 南アフリカ	60s（24μ）より細い 中には90s（16μ）よりも細いものもあります。	7.5～12.6cm	3.0～7.0kg	Soft
モンゴル	ヘアー：50μ以上 ウール：20μ	7～12cm	1.2～1.5kg	Harsh
英国 オーストラリア ニュージーランド	36's（40μ）～40's（39μ）	15～35cm	7.0～10.0kg	Luster/Long

▌あとがき

　本書は、『羊の手帖』を『できるシリーズ』に加えるにあたり、今回、品種ごとの資料を増やし、内容を充実させたものです。

　『羊の手帖』は、1988年にスタートした「羊毛素材学・ホッチキスパーティー」というちょっと変わった名前のワークショップで作成しているサンプル帖です。フリースの一房を台紙にホッチキスで留めていくことから、この名前を付けました。その後30年で羊の手帖は4,000冊を超え、全国各地の学校や工房で、羊マニアやスピナーがフリースを囲んで大いに盛り上がるワークショップに成長しました。

　今回、改訂するにあたり、羊毛のデータを再検討し、『羊の本─ALL ABOUT SHEEP AND WOOL』の最新情報に差し替え、イラストも猿澤恵子様に描き直していただきました。また羊の写真の一部を掲載するにあたり、英国羊毛公社の園田フジ子様、帯刀貴子様、小林しおり様、木原ちひろ様、滋賀県畜産技術振興センターにもお世話になりました。ここに心より御礼申しあげます。

　この『羊毛の手引き』が、羊毛を楽しむあなたの伴走者になれましたら幸いです。

book 『羊毛の手引き』で参考にした本

"*British Sheep and Wool*" The British Wool Marketing Board, 1985.
"*British Sheep and Wool*" The British Wool Marketing Board, 2010.
D. J. Cottle, "*Australian Sheep and Wool Handbook*" Inkata Press, 1991.
"*New Zealand Sheep and their Wool*" The Raw Wool Services Division, and New Zealand Wool Board, 1983.
"*Wools of Europe*" The Consorzio Biella The Wool Company, and ATELIER-Laines d'Europe, 2012.
Deborah Robson, and Carol Ekarius, "*The Field Guide to Fleece*" Storey Publishing, 2013.
D.A.Ross, "*Lincoln University Wool Manual*" Wool Science Department Lincoln University, 1990.
Sheep Breeds Oklahoma State University（www.ansi.okstate.edu/breeds/sheep）
森彰『羊の品種─図説』養賢堂、1970年
亀山克巳『羊毛事典』日本羊毛産業協議会「羊毛」編集部、1972年
正田陽一監修『世界家畜品種事典』東洋書林、2006年
日本羊毛産業協会編『羊毛の構造と物性』繊維社企画出版、2015年
ミルトス・ヘブライ文化研究所編『出エジプト記Ⅱ』、1993年
大内輝雄『羊蹄記─人間と羊毛の歴史』平凡社、1991年
百瀬正香『羊の博物誌』日本ヴォーグ社、2000年
『ウールの本』読売新聞社、1984年
M.L.ライダー著、加藤淑裕・木村資亜利訳『毛の生物学』朝倉書店、1980年
正田陽一編『品種改良の世界史─家畜編』悠書館、2010年
田中智夫・中西良孝監修『めん羊・山羊飼育技術ハンドブック』畜産技術協会、2005年

スピナッツ　別冊	初　版　第1刷　2018年5月25日	住　所　京都市北区等持院南町46-6
スピナッツ・できるシリーズ5	第2刷　2019年2月20日	ＴＥＬ　075-462-5966
本出ますみの羊毛の手引き	第3刷　2023年3月20日	ＦＡＸ　075-461-2450
	編　集　スピナッツ出版	ＭＡＩＬ　sheep@spinhouse-ponta.jp
＊本誌の内容を転載される場合は、必ず編集部までご連絡ください。	発行所　SPIN HOUSE PONTA	ＵＲＬ　https://spinhouse-ponta.jp
	文　　　本出ますみ	
	イラスト　猿澤恵子